Marie-Sophie Putfin - Romuald Belzacq -

Grand Atlas Mo

SOMMAIRE

LE MONDE

Le Monde - *Géographie physique*	2-3
Le Monde - *Géographie politique*	4-5
Le Monde - *Densité de population*	6-7
Le Monde - *Climatologie*	8
Le Monde - *Population et développement*	9
Le Monde - *Les milieux*	10-11

L'AMÉRIQUE

L'Amérique - *Géographie physique*	12
L'Amérique - *Géographie politique*	13
L'Amérique du nord - *Localisation*	14
L'Amérique du nord - *Organisation du territoire*	15
L'Amérique du sud - *Localisation*	16
L'Amérique du sud - *Organistaion du territoire*	17

L'EUROPE

L'Europe - *Géographie physique*	18
L'Europe - *Géographie politique*	19
L'Union européenne - *Organisation du territoire*	20-21
La France et le Benelux - *Géographie physique*	22
La France et le Benelux - *Géographie administrative*	23
La France et le Benelux - *Localisation*	24-25
La France et le Benelux - *Organisation du territoire*	26
Les D. O. M. - *Organisation du territoire*	27
Les îles Britanniques - *Localisation*	28
L'Europe centrale - *Localisation*	29
La Scandinavie et l'Europe de l'est - *Localisation*	30-31
L'Europe du nord - *Organisation du territoire*	32
L'Europe centrale et de l'est - *Organisation du territoire*	33
La péninsule Ibérique - *Localisation*	34
L'Italie - *Localisation*	35
Les Balkans - *Localisation*	36
L'Europe du sud - *Organisation du territoire*	37

L'AFRIQUE ET LE PROCHE-ORIENT

L'Afrique - *Géographie physique*	38
L'Afrique - *Géographie politique*	39
L'Afrique - *Localisation*	40-41
L'Afrique - *Organisation du territoire*	42-43
Le Proche-Orient - *Localisation*	44
Le monde arabe - *Organisation du territoire*	45

L'ASIE ET L'OCÉANIE

L'Asie - *Géographie physique*	46
L'Asie - *Géographie politique*	47
L'Asie méridionale - *Localisation*	48
Le sous-continent indien - *Organisation du territoire*	49
L'Asie centrale et orientale - *Localisation*	50
La Russie et l'Asie centrale - *Organisation du territoire*	51
La façade Pacifique de l'Asie et l'Océanie - *Organisation du territoire*	52-53
L'Océanie - *Localisation*	54
Les Pôles - *Localisation*	55
Index	56-62
Statistiques - les 192 États	63-64

À nos familles,
spéciale dédicace au grand Michel

Légende des cartes de localisation

Découpage politique

═══════	frontière des pays concernés
───────	frontière des pays extérieurs
ROYAUME-UNI	nom des pays concernés
FRANCE	nom des pays extérieurs
PAYS DE GALLES	nom des régions administratives (limites administratives en blanc)

Population des villes et agglomérations

Londres ●	ville de plus de 5 millions d'habitants
Manchester ●	entre 1 et 5 millions d'habitants
Sheffield ◉	entre 500 000 et 1 million d'habitants
Liverpool ○	entre 250 000 et 500 000 habitants
Newport ○	entre 100 000 et 250 000 habitants
○	moins de 100 000 habitants

Routes

route principale

Données naturelles

forêt	désert	marais

Légende des cartes politiques

CANADA	Nom du pays
Ottawa ■	Capitale
Québec •	Ville principale

Les pays concernés sont en couleur, les pays extérieurs sont en blanc

Imprimé en France

Coordination des cartes de l'organisation du territoire : Michel Vrac, agrégé de Géographie, enseignant à l'université de La Rochelle

Correction des textes : Guy Putfin

© *Octobre 99, Éditions Jean-Paul Gisserot.*
Imprimé et façonné par Pollina à Luçon, France

LE MONDE
Géographie physique

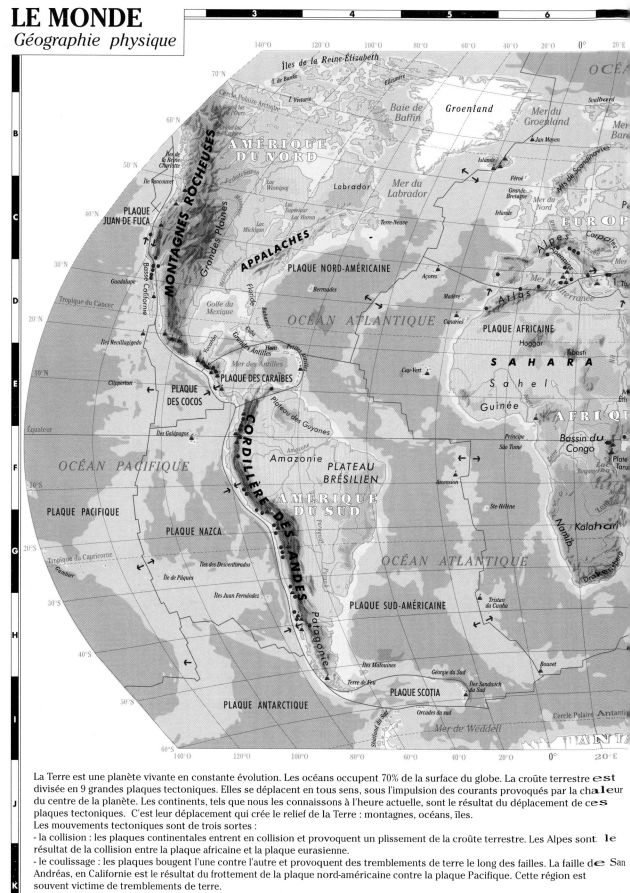

La Terre est une planète vivante en constante évolution. Les océans occupent 70% de la surface du globe. La croûte terrestre est divisée en 9 grandes plaques tectoniques. Elles se déplacent en tous sens, sous l'impulsion des courants provoqués par la chaleur du centre de la planète. Les continents, tels que nous les connaissons à l'heure actuelle, sont le résultat du déplacement de ces plaques tectoniques. C'est leur déplacement qui crée le relief de la Terre : montagnes, océans, îles.

Les mouvements tectoniques sont de trois sortes :

- la collision : les plaques continentales entrent en collision et provoquent un plissement de la croûte terrestre. Les Alpes sont le résultat de la collision entre la plaque africaine et la plaque eurasienne.

- le coulissage : les plaques bougent l'une contre l'autre et provoquent des tremblements de terre le long des failles. La faille de San Andréas, en Californie est le résultat du frottement de la plaque nord-américaine contre la plaque Pacifique. Cette région est souvent victime de tremblements de terre.

- la subduction : une plaque océanique passe sous une plaque continentale et provoque le soulèvement du rebord du continent : les

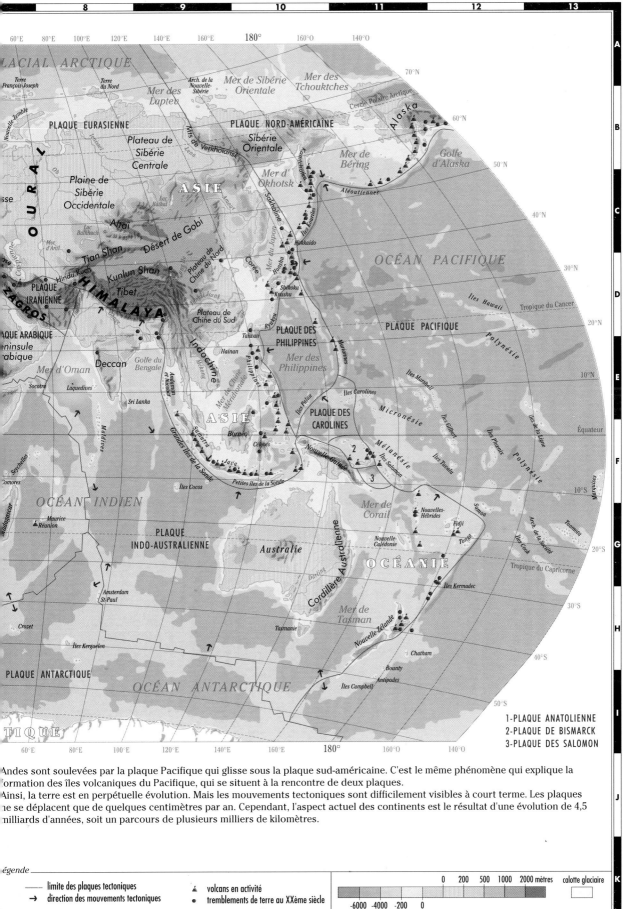

Andes sont soulevées par la plaque Pacifique qui glisse sous la plaque sud-américaine. C'est le même phénomène qui explique la formation des îles volcaniques du Pacifique, qui se situent à la rencontre de deux plaques.

Ainsi, la terre est en perpétuelle évolution. Mais les mouvements tectoniques sont difficilement visibles à court terme. Les plaques ne se déplacent que de quelques centimètres par an. Cependant, l'aspect actuel des continents est le résultat d'une évolution de 4,5 milliards d'années, soit un parcours de plusieurs milliers de kilomètres.

1-PLAQUE ANATOLIENNE
2-PLAQUE DE BISMARCK
3-PLAQUE DES SALOMON

Légende

— limite des plaques tectoniques
→ direction des mouvements tectoniques

▲ volcans en activité
● tremblements de terre au XXème siècle

0   200   500   1000   2000 mètres   calotte glaciaire

-6000   -4000   -200   0

LE MONDE
Géographie politique

L'évolution géopolitique mondiale au cours du XXème siècle a été marquée par une augmentation considérable du nombre d'États. 192 États indépendants sont recensés aujourd'hui, contre 82 en 1950. Plusieurs raisons expliquent cette multiplication. Le mouvement de décolonisation qui a suivi la seconde guerre mondiale a provoqué la constitution d'une cinquantaine de nouveaux États en Afrique, en Asie, en Océanie et aux Antilles. Plus récemment, la dislocation de l'Union soviétique et de l'ex-Yougoslavie a entraîné la création d'une vingtaine d'États. A l'inverse, la réunification d'États ne s'est faite qu'en de rare occasion, ce fut le cas en Allemagne et au Viêt Nam.

Le planisphère politique dévoile une grande variation de taille entre les États. Le Vatican, avec à peine 0,44 km² est le plus petit, suivi de Monaco avec 1,95 km². En comparaison une ville comme Paris s'étend sur 105 km².
Au contraire, la Russie, avec 17 075 400 km² est le plus vaste des États, elle devance le Canada, la Chine, les États-Unis, le Brésil et l'Australie. À eux seuls, ces six États représentent 40 % des terres du globe.

LE MONDE
Densité de population

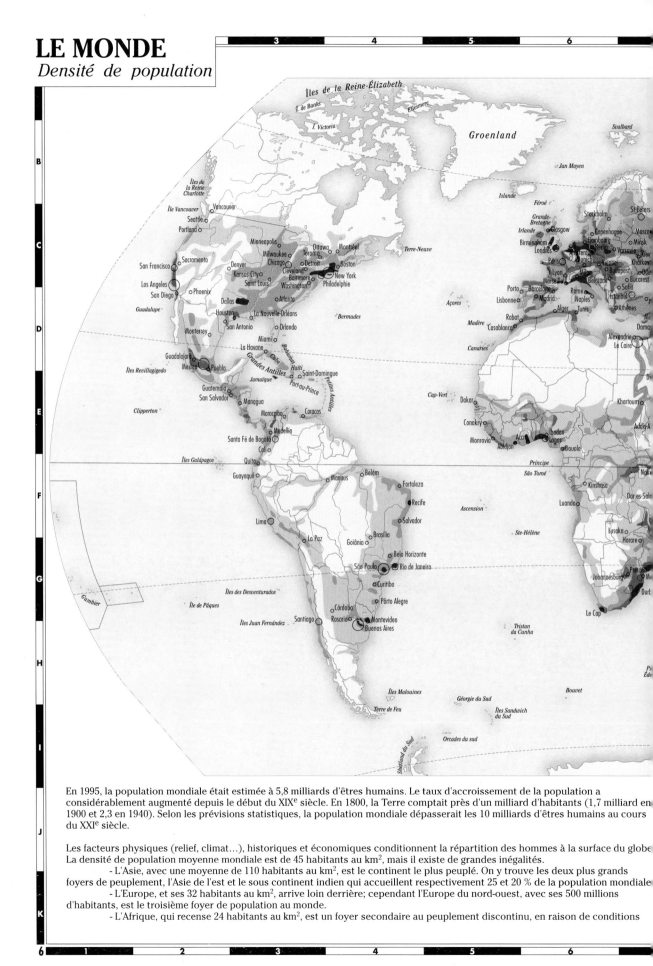

En 1995, la population mondiale était estimée à 5,8 milliards d'êtres humains. Le taux d'accroissement de la population a considérablement augmenté depuis le début du XIXe siècle. En 1800, la Terre comptait près d'un milliard d'habitants (1,7 milliard en 1900 et 2,3 en 1940). Selon les prévisions statistiques, la population mondiale dépasserait les 10 milliards d'êtres humains au cours du XXIe siècle.

Les facteurs physiques (relief, climat...), historiques et économiques conditionnent la répartition des hommes à la surface du globe. La densité de population moyenne mondiale est de 45 habitants au km^2, mais il existe de grandes inégalités.
    - L'Asie, avec une moyenne de 110 habitants au km^2, est le continent le plus peuplé. On y trouve les deux plus grands foyers de peuplement, l'Asie de l'est et le sous continent indien qui accueillent respectivement 25 et 20 % de la population mondiale.
    - L'Europe, et ses 32 habitants au km^2, arrive loin derrière; cependant l'Europe du nord-ouest, avec ses 500 millions d'habitants, est le troisième foyer de population au monde.
    - L'Afrique, qui recense 24 habitants au km^2, est un foyer secondaire au peuplement discontinu, en raison de conditions

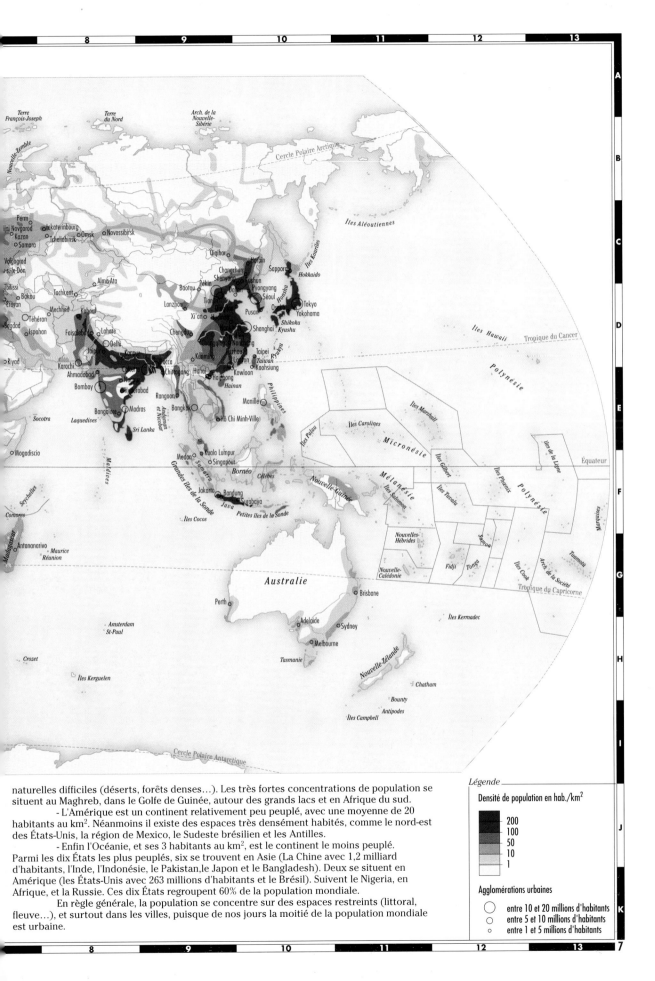

naturelles difficiles (déserts, forêts denses…). Les très fortes concentrations de population se situent au Maghreb, dans le Golfe de Guinée, autour des grands lacs et en Afrique du sud.

- L'Amérique est un continent relativement peu peuplé, avec une moyenne de 20 habitants au km². Néanmoins il existe des espaces très densément habités, comme le nord-est des États-Unis, la région de Mexico, le Sudeste brésilien et les Antilles.

- Enfin l'Océanie, et ses 3 habitants au km², est le continent le moins peuplé. Parmi les dix États les plus peuplés, six se trouvent en Asie (La Chine avec 1,2 milliard d'habitants, l'Inde, l'Indonésie, le Pakistan, le Japon et le Bangladesh). Deux se situent en Amérique (les États-Unis avec 263 millions d'habitants et le Brésil). Suivent le Nigeria, en Afrique, et la Russie. Ces dix États regroupent 60% de la population mondiale.

En règle générale, la population se concentre sur des espaces restreints (littoral, fleuve…), et surtout dans les villes, puisque de nos jours la moitié de la population mondiale est urbaine.

Légende

Densité de population en hab./km²

200
100
50
10
1

Agglomérations urbaines

○ entre 10 et 20 millions d'habitants
○ entre 5 et 10 millions d'habitants
○ entre 1 et 5 millions d'habitants

LE MONDE *Climatologie*

Les températures en janvier

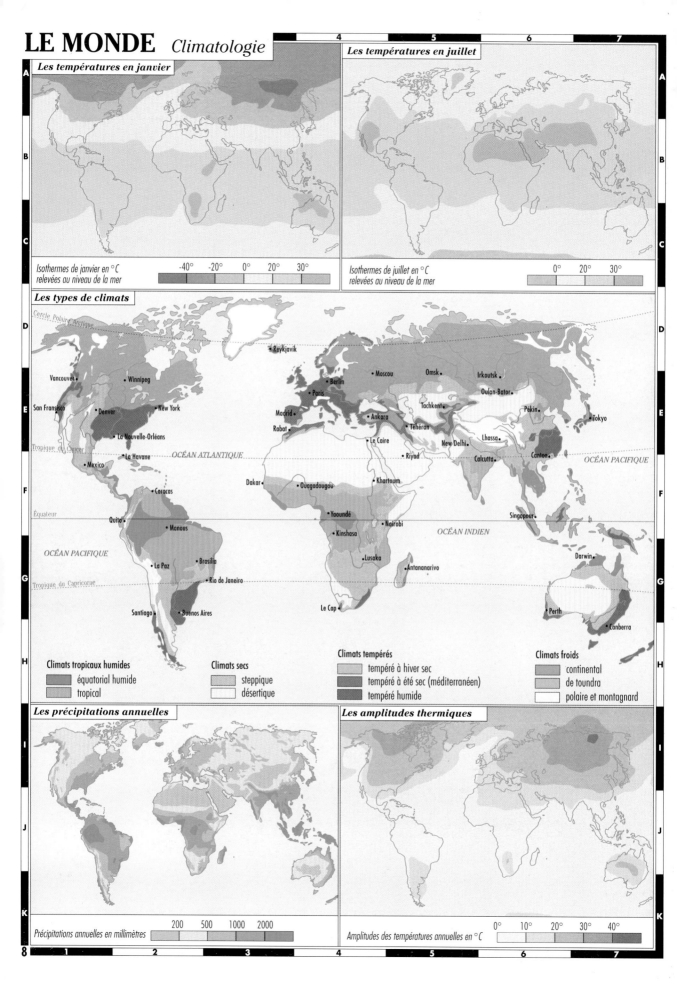

Isothermes de janvier en °C
relevées au niveau de la mer

-40° -20° 0° 20° 30°

Les températures en juillet

Isothermes de juillet en °C
relevées au niveau de la mer

0° 20° 30°

Les types de climats

Cercle Polaire Arctique

Tropique du Cancer

OCÉAN ATLANTIQUE

OCÉAN PACIFIQUE

Équateur

OCÉAN PACIFIQUE

OCÉAN INDIEN

Tropique du Capricorne

Villes : Reykjavik · Vancouver · Winnipeg · Moscou · Omsk · Irkoutsk · Berlin · Paris · San Fransisco · Denver · New York · Madrid · Ankara · Tachkent · Oulan-Bator · Pékin · Tokyo · Rabat · Téhéran · La Nouvelle-Orléans · Le Caire · New Delhi · Lhassa · Mexico · La Havane · Riyad · Calcutta · Canton · Dakar · Ouagadougou · Khartoum · Caracas · Yaoundé · Nairobi · Singapour · Quito · Manaus · Kinshasa · La Paz · Brasilia · Lusaka · Antananarivo · Darwin · Rio de Janeiro · Santiago · Buenos Aires · Le Cap · Perth · Canberra

Climats tropicaux humides
- équatorial humide
- tropical

Climats secs
- steppique
- désertique

Climats tempérés
- tempéré à hiver sec
- tempéré à été sec (méditerranéen)
- tempéré humide

Climats froids
- continental
- de toundra
- polaire et montagnard

Les précipitations annuelles

Précipitations annuelles en millimètres

200 500 1000 2000

Les amplitudes thermiques

Amplitudes des températures annuelles en °C

0° 10° 20° 30° 40°

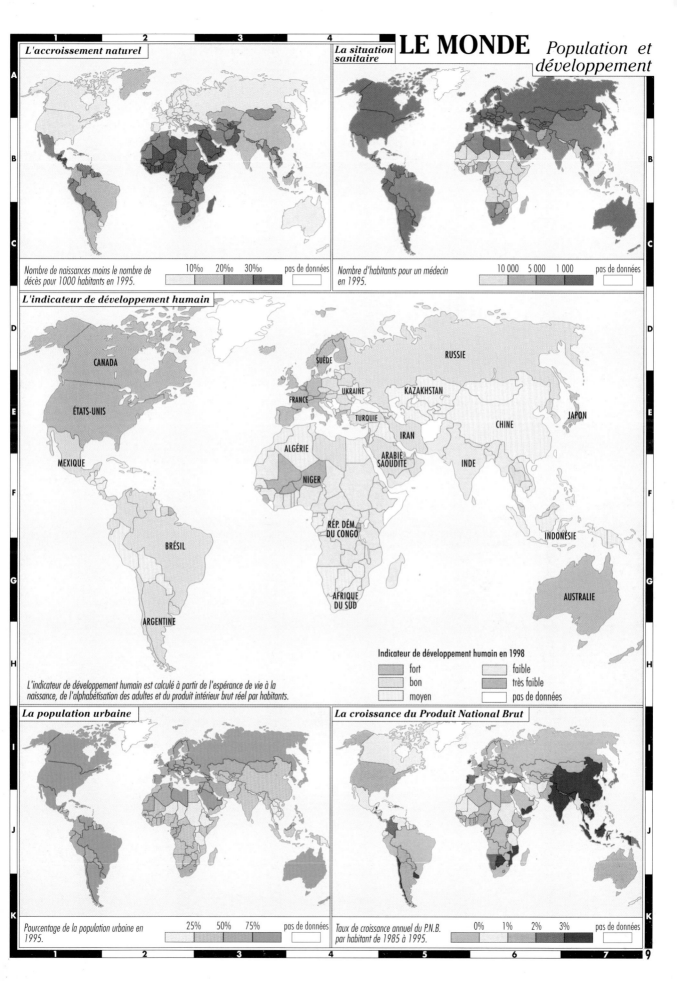

L'accroissement naturel

Nombre de naissances moins le nombre de décès pour 1000 habitants en 1995.

10‰   20‰   30‰   pas de données

La situation sanitaire

Nombre d'habitants pour un médecin en 1995.

10 000   5 000   1 000   pas de données

L'indicateur de développement humain

CANADA
ÉTATS-UNIS
MEXIQUE
BRÉSIL
ARGENTINE

SUÈDE
FRANCE
UKRAINE
RUSSIE
KAZAKHSTAN
JAPON
TURQUIE
CHINE
IRAN
ALGÉRIE
ARABIE SAOUDITE
INDE
NIGER
RÉP. DÉM. DU CONGO
INDONÉSIE
AFRIQUE DU SUD
AUSTRALIE

L'indicateur de développement humain est calculé à partir de l'espérance de vie à la naissance, de l'alphabétisation des adultes et du produit intérieur brut réel par habitants.

Indicateur de développement humain en 1998

- fort
- bon
- moyen
- faible
- très faible
- pas de données

La population urbaine

Pourcentage de la population urbaine en 1995.

25%   50%   75%   pas de données

La croissance du Produit National Brut

Taux de croissance annuel du P.N.B. par habitant de 1985 à 1995.

0%   1%   2%   3%   pas de données

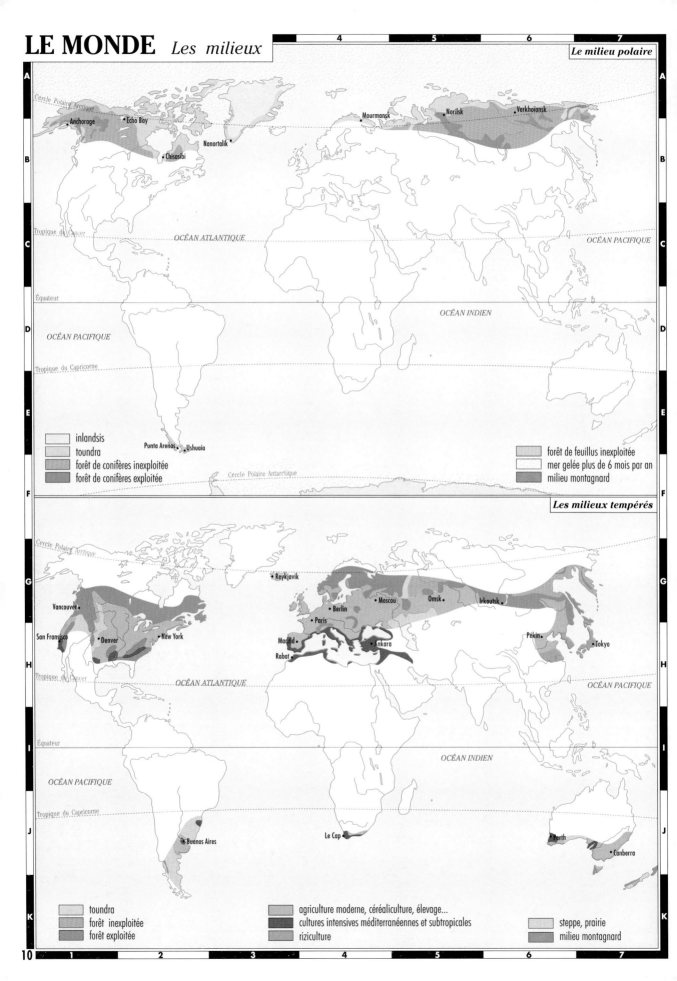

LE MONDE *Les milieux*

Le milieu polaire

Cercle Polaire Arctique
Anchorage • • Echo Bay
Nanortalik •
• Chisasibi
Mourmansk • Norilsk • Verkhoïansk •

Tropique du Cancer
OCÉAN ATLANTIQUE
OCÉAN PACIFIQUE

Équateur
OCÉAN INDIEN

OCÉAN PACIFIQUE

Tropique du Capricorne

Punta Arenas • • Ushuaia

Cercle Polaire Antarctique

inlandsis	forêt de feuillus inexploitée
toundra	mer gelée plus de 6 mois par an
forêt de conifères inexploitée	milieu montagnard
forêt de conifères exploitée	

Les milieux tempérés

Cercle Polaire Arctique
• Reykjavik
Vancouver •
• Moscou Omsk • Irkoutsk •
• Berlin
San Fransisco • Paris •
• Denver • New York
Madrid • Pékin •
Rabat • Ankara • • Tokyo

Tropique du Cancer
OCÉAN ATLANTIQUE
OCÉAN PACIFIQUE

Équateur
OCÉAN INDIEN

OCÉAN PACIFIQUE

Tropique du Capricorne

• Buenos Aires
Le Cap •
Perth •
• Canberra

toundra	agriculture moderne, céréaliculture, élevage...	steppe, prairie
forêt inexploitée	cultures intensives méditerranéennes et subtropicales	milieu montagnard
forêt exploitée	riziculture	

10

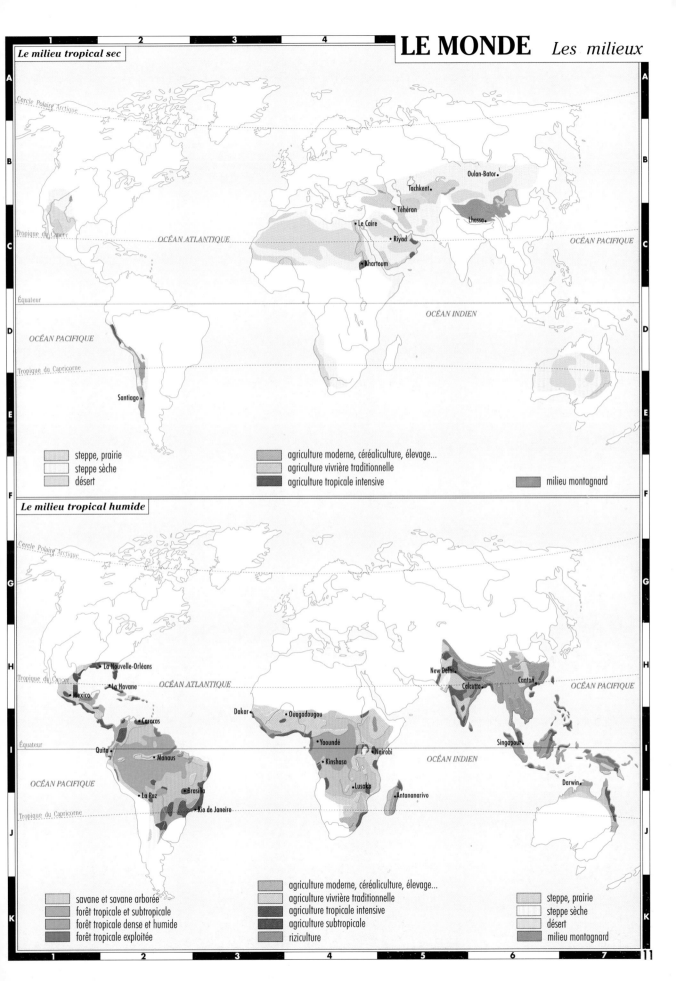

Le milieu tropical sec

Cercle Polaire Arctique

Oulan-Bator•

Tachkent•

•Téhéran

Lhassa•

Le Caire•

OCÉAN ATLANTIQUE
Tropique du Cancer

OCÉAN PACIFIQUE

•Riyad

•Khartoum

Équateur

OCÉAN INDIEN

OCÉAN PACIFIQUE

Tropique du Capricorne

Santiago•

- steppe, prairie
- steppe sèche
- désert

- agriculture moderne, céréaliculture, élevage...
- agriculture vivrière traditionnelle
- agriculture tropicale intensive

- milieu montagnard

Le milieu tropical humide

Cercle Polaire Arctique

La Nouvelle-Orléans•

New Delhi•

Canton•

Tropique du Cancer
OCÉAN ATLANTIQUE

Calcutta•

OCÉAN PACIFIQUE

•La Havane

Mexico•

Dakar• •Ouagadougou

•Caracas

•Yaoundé

Quito•

Singapour•

Équateur

•Manaus

•Kinshasa

•Nairobi

OCÉAN INDIEN

OCÉAN PACIFIQUE

Darwin•

La Paz• •Brasilia

•Lusaka

•Antananarivo

Tropique du Capricorne

•Rio de Janeiro

- savane et savane arborée
- forêt tropicale et subtropicale
- forêt tropicale dense et humide
- forêt tropicale exploitée

- agriculture moderne, céréaliculture, élevage...
- agriculture vivrière traditionnelle
- agriculture tropicale intensive
- agriculture subtropicale
- riziculture

- steppe, prairie
- steppe sèche
- désert
- milieu montagnard

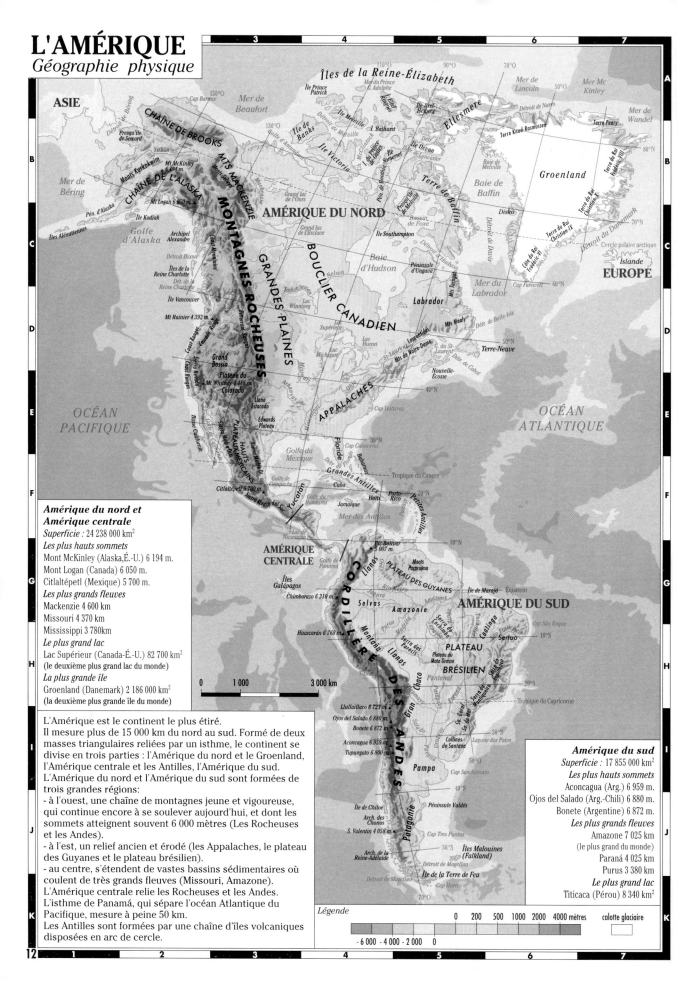

L'AMÉRIQUE
Géographie physique

Amérique du nord et Amérique centrale

Superficie : 24 238 000 km²

Les plus hauts sommets
Mont McKinley (Alaska,É.-U.) 6 194 m.
Mont Logan (Canada) 6 050 m.
Citlaltépetl (Mexique) 5 700 m.

Les plus grands fleuves
Mackenzie 4 600 km
Missouri 4 370 km
Mississippi 3 780km

Le plus grand lac
Lac Supérieur (Canada-É.-U.) 82 700 km²
(le deuxième plus grand lac du monde)

La plus grande île
Groenland (Danemark) 2 186 000 km²
(la deuxième plus grande île du monde)

L'Amérique est le continent le plus étiré.
Il mesure plus de 15 000 km du nord au sud. Formé de deux masses triangulaires reliées par un isthme, le continent se divise en trois parties : l'Amérique du nord et le Groenland, l'Amérique centrale et les Antilles, l'Amérique du sud.
L'Amérique du nord et l'Amérique du sud sont formées de trois grandes régions:
- à l'ouest, une chaîne de montagnes jeune et vigoureuse, qui continue encore à se soulever aujourd'hui, et dont les sommets atteignent souvent 6 000 mètres (Les Rocheuses et les Andes).
- à l'est, un relief ancien et érodé (les Appalaches, le plateau des Guyanes et le plateau brésilien).
- au centre, s'étendent de vastes bassins sédimentaires où coulent de très grands fleuves (Missouri, Amazone).
L'Amérique centrale relie les Rocheuses et les Andes.
L'isthme de Panamá, qui sépare l'océan Atlantique du Pacifique, mesure à peine 50 km.
Les Antilles sont formées par une chaîne d'îles volcaniques disposées en arc de cercle.

Amérique du sud

Superficie : 17 855 000 km²

Les plus hauts sommets
Aconcagua (Arg.) 6 959 m.
Ojos del Salado (Arg.-Chili) 6 880 m.
Bonete (Argentine) 6 872 m.

Les plus grands fleuves
Amazone 7 025 km
(le plus grand du monde)
Paraná 4 025 km
Purus 3 380 km

Le plus grand lac
Titicaca (Pérou) 8 340 km²

Légende

| | 0 | 200 | 500 | 1000 | 2000 | 4000 mètres | calotte glaciaire |

- 6 000   - 4 000   - 2 000   0

0   1 000   3 000 km

L'AMÉRIQUE
Géographie politique

RUSSIE

Alaska
(ÉTATS-UNIS)

CANADA

Groenland
(Danemark)

ÉTATS-UNIS

ISLANDE

BAHAMAS

MEXIQUE

CUBA
HAÏTI
RÉP. DOMINICAINE
JAMAÏQUE
BELIZE
GUATEMALA
HONDURAS
SALVADOR
NICARAGUA
COSTA RICA
PANAMÁ

VENEZUELA
GUYANA
SURI-
NAME
Guyane française

COLOMBIE

ÉQUATEUR

Galápagos (Éq.)

PÉROU

BOLIVIE

BRÉSIL

PARAGUAY

CHILI

URUGUAY

ARGENTINE

Îles Malouines (R.-U.)

Villes (sélection)

Barrow, Eureka, Qaanaaq, Inuvik, Fairbanks, Dawson, Cambridge Bay, Bethel, Anchorage, Fort Norman, Whitehorse, Yellowknife, Hay River, Fort Simpson, Uranium City, Rankin Inlet, Kodiak, Prince Rupert, Fort St. John, Fort McMurray, Churchill, Iqaluit, Nuuk, Qeqertarsuaq, Tasiilaq, Nanortalik, Prince George, Edmonton, Red Deer, Prince Albert, Kamloops, Saskatoon, Chisasibi, Cartwright, Vancouver, Calgary, Regina, Winnipeg, Fort Albany, Victoria, Kelowna, Thunder Bay, Chicoutimi, Gaspé, Portland, Seattle, Minneapolis, Sault-Ste-Marie, Québec, Charlottetown, St. John's, Salt Lake city, Milwaukee, Detroit, Toronto, Montréal, Fredericton, St-Pierre-et-Miquelon (Fr.), Sacramento, San Francisco, Denver, Chicago, Cleveland, Boston, Halifax, Kansas City, Indianapolis, Cincinnati, New York, Los Angeles, St Louis, Baltimore, Philadelphie, San Diego, Phoenix, Dallas, Memphis, Washington, Ensenada, Ciudad Juárez, El Paso, Houston, Charlotte, Hermosillo, San Antonio, Atlanta, La Nouvelle-Orléans, Culiacán, Monclova, Monterrey, Miami, Nassau, Mazatlán, Torreón, Tampico, La Havane, Guadalajara, León, Mérida, Port-au-Prince, Saint-Domingue, México, Puebla, Campeche, Kingston, Acapulco, Veracruz, Oaxaca, Belmopan, Guatemala, Tegucigalpa, San Salvador, Managua, San José, Panamá, Barranquilla, Maracaibo, Caracas, Valencia, Barquisimeto, Georgetown, Paramaribo, Medellín, Manizales, Cali, Santa Fé de Bogotá, Popayán, Macapá, Belém, São Luís, Quito, Guayaquil, Manaus, Fortaleza, Piura, Iquitos, Imperatriz, Teresina, Natal, Chiclayo, João Pessoa, Trujillo, Recife, Chimbote, Porto Velho, Rio Branco, Aracaju, Salvador, Lima, Huancayo, Vitória da Conquista, Itabuna, Ica, Cuiabá, Brasília, Goiânia, Arequipa, La Paz, Santa Cruz, Vitória, Arica, Sucre, Campo Grande, Ribeirão Prêto, Bela Horizonte, Iquique, Campinas, Campos, Rio de Janeiro, São Paulo, Antofagasta, Salta, Formosa, Asunción, Curitiba, San Miguel de Tucumán, Resistencia, Florianópolis, Santiago del Estero, Pôrto Alegre, Viña del Mar, Córdoba, Santa Fe, Valparaíso, Mendoza, Rosario, Montevideo, Santiago, Talca, San Rafael, La Plata, Talcahuano, Concepción, Mar del Plata, Temuco, Bahía Blanca, Osorno, General Roca, Puerto Montt, Comodoro Rivadavia, Stanley, Punta Arenas, Ushuaia

Amérique du nord

Pays	Population (en milliers)	P.N.B. ($ par hab.)
Canada	29 606	19 380
États-Unis	263 119	26 980
Mexique	91 831	3 320

Amérique du sud

Pays	Population	P.N.B.
Argentine	34 665	8 030
Bolivie	7 414	800
Brésil	159 222	3 640
Chili	14 225	4 160
Colombie	36 813	1 910
Équateur	11 477	1 390
Guyana	835	590
Paraguay	4 828	1 690
Pérou	23 818	2 310
Suriname	410	880
Uruguay	3 184	5 170
Venezuela	21 671	3 020

Amérique centrale

Pays	Population	P.N.B.
Antigua-et-Barbuda	65	6 770
Bahamas	276	11 940
Barbade	266	6 560
Belize	216	2 630
Costa Rica	3 399	2 610
Cuba	11 011	600
Dominicaine (Rép.)	7 822	1 460
Dominique	73	2 990
Grenade	91	2 980
Guatemala	10 621	1 340
Haïti	7 168	250
Honduras	5 924	600
Jamaïque	2 522	1 510
Nicaragua	4 375	380
Panamá	2 631	2 750
St-Kitts-et-Nevis	41	5 170
Ste-Lucie	158	3 370
St-Vincent-et-les-Gr.	111	2 280
Salvador	5 623	1 610
Trinité-et-Tobago	1 287	3 770

États des États-Unis — Capitales

État	Capitale
Alabama	Montgomery
Alaska	Juneau
Arizona	Phoenix
Arkansas	Little Rock
Californie	Sacramento
Caroline du Nord	Raleigh
Caroline du Sud	Columbia
Colorado	Denver
Connecticut	Hartford
Dakota du Nord	Bismarck
Dakota du Sud	Pierre
Delaware	Dover
Floride	Tallahassee
Géorgie	Atlanta
Hawaii	Honolulu
Idaho	Boise
Illinois	Springfield
Indiana	Indianapolis
Iowa	Des Moines
Kansas	Topeka
Kentucky	Frankfort
Louisiane	Baton Rouge
Maine	Augusta
Maryland	Annapolis
Massachusetts	Boston
Michigan	Lansing
Minnesota	St. Paul
Mississippi	Jackson
Missouri	Jefferson City
Montana	Helena
Nebraska	Lincoln
Nevada	Carson City
New Hampshire	Concord
New Jersey	Trenton
New York	Albany
Nouveau-Mexique	Santa Fe
Ohio	Columbus
Oklahoma	Oklahoma City
Oregon	Salem
Pennsylvanie	Harrisburg
Rhode Island	Providence
Tennessee	Nashville
Texas	Austin
Utah	Salt Lake City
Vermont	Montpelier
Virginie	Richmond
Virginie Occid.	Charleston
Washington	Olympia
Wisconsin	Madison
Wyoming	Cheyenne

Petites Antilles

Porto Rico (É.-U.), San Juan, Îles Vierges (R.-U. et É.-U.), St-Martin (Fr. et P.-B.), Anguilla (R.-U.), Basseterre, St-John's, ANTIGUA-ET-BARBUDA, ST-KITTS-ET-NEVIS, Guadeloupe (Fr.), Marie-Galante (Fr.), Roseau, DOMINIQUE, Martinique (Fr.), Castries, STE-LUCIE, Kingstown, BARBADE, ST-VINCENT-ET-LES-GRENADINES, Bridgetown, St-George's, GRENADE, Tobago, Caracas, Port of Spain, Trinité, VENEZUELA, TRINITÉ-ET-TOBAGO

0   1 000   3 000 km

100 km

13

L'AMÉRIQUE DU NORD

La population se concentre principalement en Amérique centrale, sur les côtes du golfe du Mexique, ainsi que dans la région des grands lacs, sur la côte pacifique, et au nord-est des États-Unis. Les fortes densités de population urbaine ont créé des mégalopoles, de Toronto à Montréal, de Boston à Washington. Le Canada et les États-Unis dominent économiquement le continent. Les États-Unis sont la première puissance économique du monde. La frontière entre les États-Unis et le Mexique marque aussi la limite entre les pays riches au nord, et les pays pauvres au sud. Avec plus de 15 millions d'habitants, Mexico est la plus grande agglomération du monde.

CONN. = CONNECTICUT
M. = MARYLAND
N.H. = NEW HAMPSHIRE
N.J. = NEW JERSEY
PENNS. = PENNSYLVANIE
R.I. = RHODE ISLAND
VT. = VERMONT
VIRG. OCC. = VIRGINIE OCCIDENTALE

0   500   1 500 km

Pays	Langue	Monnaie
Bahamas	Anglais	$ des Bahamas
Barbade	Anglais	$ de la Barbade
Belize	Anglais	$ de Belize
Canada	Angl., franç.	$ canadien
Costa Rica	Espagnol	Colón
Cuba	Espagnol	Peso cubain
Dominic. (Rép.)	Espagnol	Peso dominic.
États-Unis	Anglais	Dollar
Guatemala	Espagnol	Quetzal
Haïti	Créole, Franç.	Gourde
Honduras	Espagnol	Lempira
Jamaïque	Anglais	$ jamaïcain
Mexique	Espagnol	Peso
Nicaragua	Espagnol	Córdoba or
Panamá	Espagnol	Balboa
Salvador	Espagnol	Colón du Salv.
Trinité-et-Tobago	Anglais	$ de la Trinité
Autres îles Antilles	Anglais	$ des Caraïbes

Antigua-et-B. Bahamas Barbade Belize Canada Costa Rica Cuba R. Dominic.

Dominique États-Unis Grenade Guatemala Haïti Honduras Jamaïque Mexique

Nicaragua Panamá Salvador St-Kitts-et-N. Ste-Lucie St-Vincent Trinité-et-T.

14

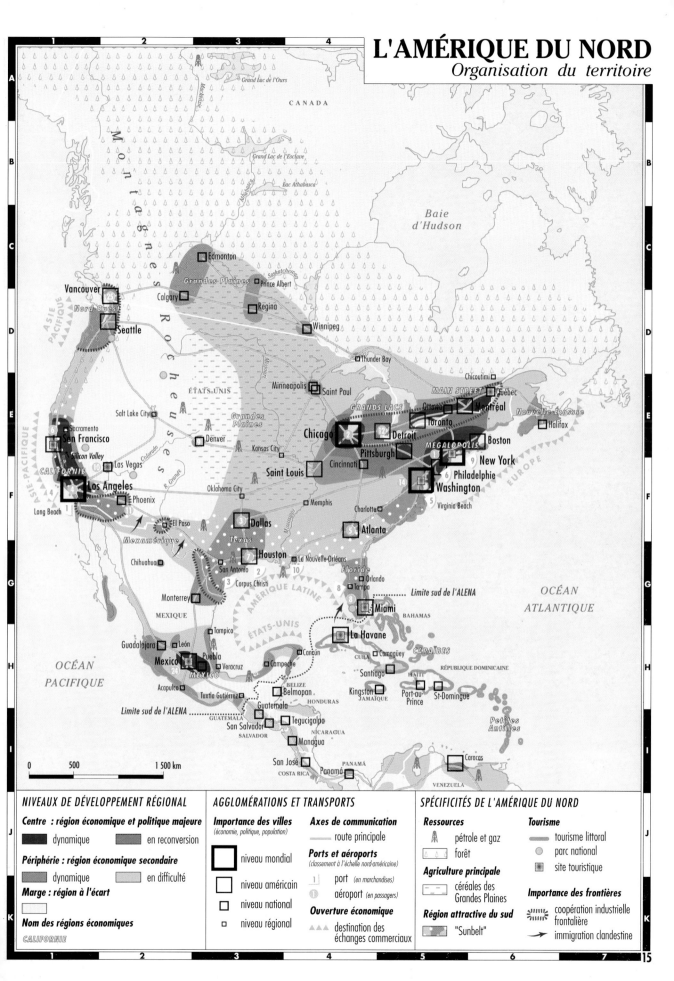

L'AMÉRIQUE DU NORD
Organisation du territoire

CANADA

Grand Lac de l'Ours

Grand Lac de l'Esclave

Lac Athabasca

Montagnes

Baie d'Hudson

Edmonton
Grandes-Plaines
Prince Albert
Saskatchewan
Calgary
Vancouver
Nord-Ouest
Seattle
Regina
Winnipeg

ASIE PACIFIQUE

Thunder Bay
Chicoutimi

Rocheuses
ÉTATS-UNIS
Salt Lake City
Grandes Plaines
Missouri
Minneapolis
Saint Paul
MAIN STREET
Québec
Ottawa
Montréal
Toronto
Nouvelle-Écossse

ASIE-PACIFIQUE
Sacramento
San Francisco
Silicon Valley
Las Vegas
CALIFORNIE
Denver
Kansas City
GRANDS LACS
Chicago
Detroit
Pittsburgh
Cincinnati
MÉGALOPOLIS
Boston
New York
Halifax

Los Angeles
Phoenix
Long Beach
Saint Louis
Philadelphie
Washington
EUROPE

Oklahoma City
Memphis
Charlotte
Virginia Beach

Mexamérique
El Paso
Dallas
Texas
Atlanta
Chihuahua
Houston
San Antonio
La Nouvelle-Orléans
Floride
Orlando
Tampa
Corpus Christi
AMÉRIQUE LATINE
Monterrey
Limite sud de l'ALENA
Miami
BAHAMAS
OCÉAN ATLANTIQUE

MEXIQUE
ÉTATS-UNIS
Tampico
Cancún
La Havane
Camagüey
CARAÏBES
Guadalajara
León
Mexico
Puebla
Veracruz
Campeche
CUBA
Santiago
RÉPUBLIQUE DOMINICAINE
Acapulco
MÉXICO
Kingston
JAMAÏQUE
Port-au-Prince
HAITI
St-Domingue
OCÉAN PACIFIQUE
Tuxtla Gutiérrez
Belmopan
BELIZE
HONDURAS
Guatemala
Tegucigalpa
Petites Antilles
Limite sud de l'ALENA
GUATEMALA
San Salvador
SALVADOR
NICARAGUA
Managua
San José
PANAMA
Caracas
COSTA RICA
Panamá
VENEZUELA

0   500   1 500 km

NIVEAUX DE DÉVELOPPEMENT RÉGIONAL

Centre : *région économique et politique majeure*

- ■ dynamique
- ■ en reconversion

Périphérie : *région économique secondaire*

- ■ dynamique
- ■ en difficulté

Marge : *région à l'écart*

- □

Nom des régions économiques

CALIFORNIE

AGGLOMÉRATIONS ET TRANSPORTS

Importance des villes
(économie, politique, population)

- □ niveau mondial
- □ niveau américain
- □ niveau national
- ▫ niveau régional

Axes de communication

- — route principale

Ports et aéroports
(classement à l'échelle nord-américaine)

- |1| port *(en marchandises)*
- ① aéroport *(en passagers)*

Ouverture économique

- ▲▲▲ destination des échanges commerciaux

SPÉCIFICITÉS DE L'AMÉRIQUE DU NORD

Ressources

- ⚲ pétrole et gaz
- ▵ forêt

Agriculture principale

- --- céréales des Grandes Plaines

Région attractive du sud

- ▦ "Sunbelt"

Tourisme

- ━ tourisme littoral
- ● parc national
- ▣ site touristique

Importance des frontières

- ⧙⧙⧙ coopération industrielle frontalière
- → immigration clandestine

15

L'AMÉRIQUE DU SUD

Légende des drapeaux :

- Argentine
- Bolivie
- Brésil
- Chili
- Colombie
- Équateur
- Guyana
- Paraguay
- Pérou
- Suriname
- Uruguay
- Venezuela

Pays	Langue	Monnaie
Argentine	Espagnol	Peso
Bolivie	Espagnol	Boliviano
Brésil	Portugais	Real
Chili	Espagnol	Nouv. Peso
Colombie	Espagnol	Peso colomb.
Équateur	Espagnol	Sucre
Guyana	Anglais	Dollar guyanais
Paraguay	Guarani, Esp.	Guaraní
Pérou	Espagnol	Nouveau Sol
Suriname	Néerlandais	Guinée de Sur.
Uruguay	Espagnol	Peso uruguyen
Venezuela	Espagnol	Bolívar

La population quitte les campagnes et se concentre dans les grandes agglomérations urbaines de la côte. Le Brésil accueille la moitié de la population du continent. Grâce à ses ressources naturelles importantes et à une industrie en développement, il est devenu l'une des dix premières puissances économiques mondiales. Le développement de l'Amérique du sud est contrasté. Aujourd'hui l'Argentine et le Chili s'ouvrent vers l'extérieur. Dans le reste du continent, l'agriculture prédomine, mais l'exploitation du pétrole est en plein essor en Amazonie, en Équateur et surtout au Venezuela.

L'AMÉRIQUE DU SUD
Organisation du territoire

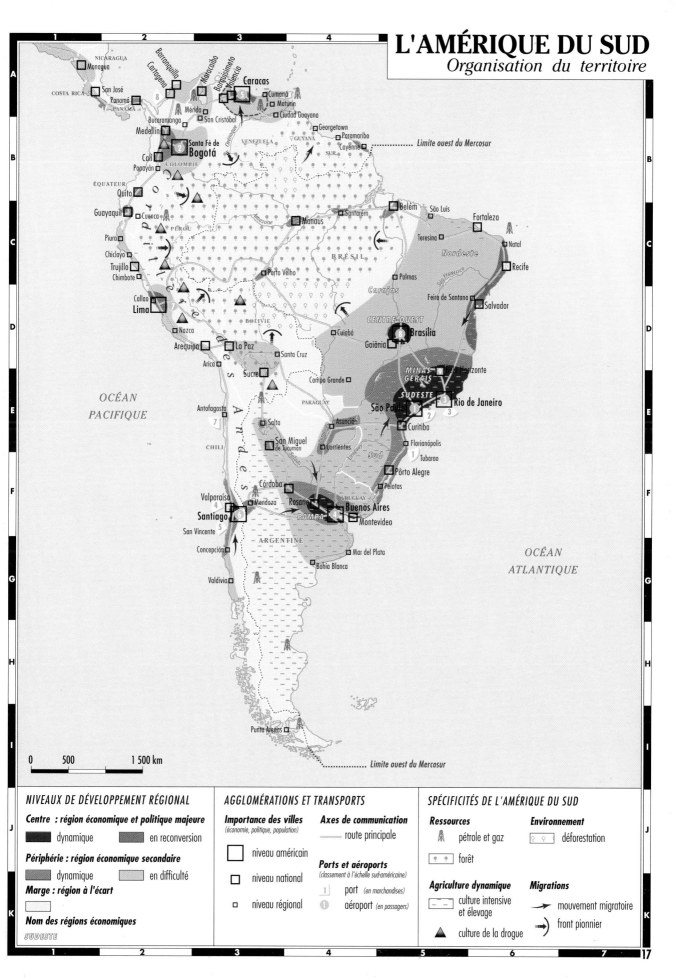

Limite ouest du Mercosur

OCÉAN
PACIFIQUE

OCÉAN
ATLANTIQUE

0   500   1 500 km

Limite ouest du Mercosur

NIVEAUX DE DÉVELOPPEMENT RÉGIONAL

Centre : région économique et politique majeure

dynamique	en reconversion

Périphérie : région économique secondaire

dynamique	en difficulté

Marge : région à l'écart

Nom des régions économiques

SUDESTE

AGGLOMÉRATIONS ET TRANSPORTS

Importance des villes
(économie, politique, population)

☐ niveau américain

☐ niveau national

▫ niveau régional

Axes de communication

⋯⋯ route principale

Ports et aéroports
(classement à l'échelle sud-américaine)

1 port *(en marchandises)*

● aéroport *(en passagers)*

SPÉCIFICITÉS DE L'AMÉRIQUE DU SUD

Ressources

🛢 pétrole et gaz

🌲 forêt

Agriculture dynamique

culture intensive et élevage

▲ culture de la drogue

Environnement

déforestation

Migrations

→ mouvement migratoire

⇢ front pionnier

17

L'EUROPE
Géographie physique

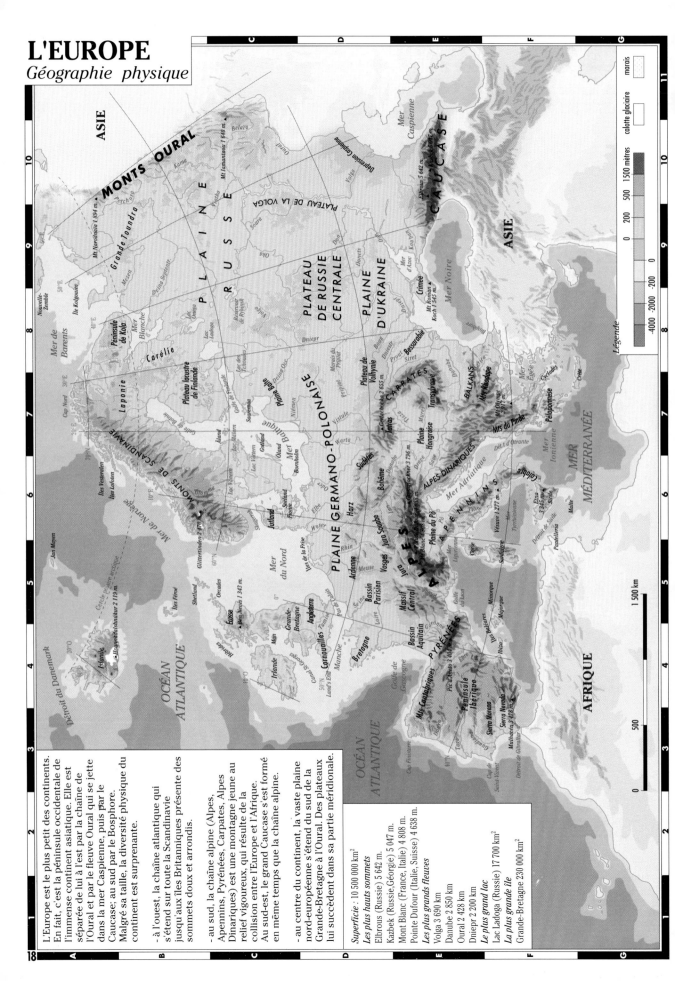

L'Europe est le plus petit des continents. En fait, c'est la péninsule occidentale de l'immense continent asiatique. Elle est séparée de lui à l'est par la chaîne de l'Oural et par le fleuve Oural qui se jette dans la mer Caspienne, puis par le Caucase; au sud par le Bosphore. Malgré sa taille, la diversité physique du continent est surprenante.

- à l'ouest, la chaîne atlantique qui s'étend sur toute la Scandinavie jusqu'aux îles Britanniques présente des sommets doux et arrondis.

- au sud, la chaîne alpine (Alpes, Apennins, Pyrénées, Carpates, Alpes Dinariques) est une montagne jeune au relief vigoureux, qui résulte de la collision entre l'Europe et l'Afrique. Au sud-est, le grand Caucase s'est formé en même temps que la chaîne alpine.

- au centre du continent, la vaste plaine nord-européenne s'étend du sud de la Grande-Bretagne à l'Oural. Des plateaux lui succèdent dans sa partie méridionale.

Superficie : 10 500 000 km²
Les plus hauts sommets
Elbrous (Russie) 5 642 m.
Kazbek (Russie, Géorgie) 5 047 m.
Mont Blanc (France, Italie) 4 808 m.
Pointe Dufour (Italie, Suisse) 4 638 m.
Les plus grands fleuves
Volga 3 690 km
Danube 2 850 km
Oural 2 428 km
Dniepr 2 200 km
Le plus grand lac
Lac Ladoga (Russie) 17 700 km²
La plus grande île
Grande-Bretagne 230 000 km²

Légende
marais
calotte glaciaire
1 500 mètres
500
200
0
-200
-2000
-4000

Labels sur la carte
ASIE
MONTS OURAL
PLAINE RUSSE
PLATEAU DE LA VOLGA
PLATEAU DE RUSSIE CENTRALE
PLAINE D'UKRAINE
CAUCASE
ASIE
Mer Caspienne
Dépression Caspienne
Elbrous 5 642 m.
Mt Roman Koch 1 545 m.
Mer d'Azov
Mer Noire
Crimée
Bessarabie
CARPATES
Gerlachovska 2 655 m.
Transylvanie
BALKANS
Mts Rhodope
Mts du Pinde
Péloponnèse
Crète
Cyclades
Mer Égée
Mer Ionienne
MER MÉDITERRANÉE
AFRIQUE
Nouvelle Zemble
Île Kolgouiev
Mer de Barents
Mer Blanche
Péninsule de Kola
Carélie
Laponie
Grande Toundra
Mt Narodnaïa 1 894 m.
Mt Iamantaou 1 640 m.
Plateau lacustre de Finlande
Golfe de Finlande
MONTS DE SCANDINAVIE
Cap Nord
Jan Mayen
Hvannadalshnukur 2 119 m.
Islande
Détroit du Danemark
Cercle polaire arctique
OCÉAN ATLANTIQUE
Îles Féroé
Shetland
Orcades
Hébrides
Écosse
Ben Nevis 1 343 m.
Irlande
Man
Grande-Bretagne
Angleterre
Cornouailles
Land's End
Bretagne
Manche
Pas de Calais
PLAINE GERMANO-POLONAISE
Jutland
Mer du Nord
Îles de la Frise
Fionie
Seeland
Bornholm
Gotland
Öland
Rügen
Oder
Vistule
Warta
Bohême
Sudètes
Harz
Ardenne
Meuse
Vosges
Jura Souabe
Jura
ALPES
Mont Blanc 4 808 m.
Cervin 4 505 m.
Bernina 4 055 m.
ALPES DINARIQUES
APENNINS
Gran Sasso 2 914 m.
Vésuve 1 277 m.
Etna 3 345 m.
Sicile
Malte
Sardaigne
Corse
Calabre
Mer Adriatique
Mer Tyrrhénienne
Mer Ligurienne
Plaine du Pô
Pô
Bassin Parisien
Seine
Loire
Massif Central
Bassin Aquitain
Garonne
PYRÉNÉES
Pic d'Aneto 3 404 m.
Péninsule Ibérique
Mts Cantabriques
Sierra Morena
Sierra Nevada
Mulhacén 3 478 m.
Détroit de Gibraltar
Cap de Saint-Vincent
Golfe de Gascogne
OCÉAN ATLANTIQUE
Îles Baléares
Majorque
Minorque
Ibiza
Ebre
Tage
Douro
Guadiana
Guadalquivir
Rhin
Elbe
Weser
Niémen
Dvina Occ.
Marais du Pripiat
Pripiat
Plateau de Volhynie
Dniestr
Prout
Siret
Dniepr
Don
Donets
Volga
Kama
Oka
Soura
Réservoir de Rybinsk
Lac Onega
Lac Ladoga
Lac Peïpous
Plaine Baltique
Golfe de Botnie
Lac Vänern
Lac Vättern
Mer Baltique
Åland
Glittertinden 2 470 m.
Mer de Norvège
Îles Vesterålen
Îles Lofoten
Pétchora
Mezen
Dvina Sept.
Oural
Belaïa
Kouban
Koura
Mont Dytiki 2 917 m.

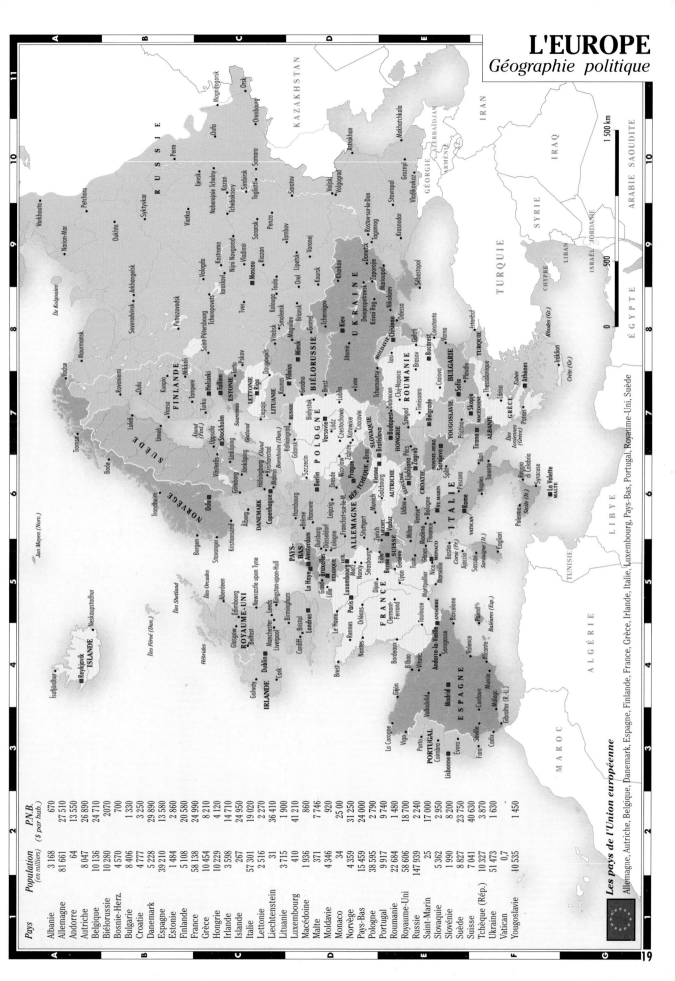

L'EUROPE
Géographie politique

Pays	Population (en milliers)	P.N.B. ($ par hab.)
Albanie	3 168	670
Allemagne	81 661	27 510
Andorre	64	13 550
Autriche	8 047	26 890
Belgique	10 136	24 710
Biélorussie	10 280	2070
Bosnie-Herz.	4 570	700
Bulgarie	8 406	1 330
Croatie	4 777	3 250
Danemark	5 228	29 890
Espagne	39 210	13 580
Estonie	1 484	2 860
Finlande	5 108	20 580
France	58 138	24 990
Grèce	10 454	8 210
Hongrie	10 229	4 120
Irlande	3 598	14 710
Islande	267	24 950
Italie	57 301	19 020
Lettonie	2 516	2 270
Liechtenstein	31	36 410
Lituanie	3 715	1 900
Luxembourg	410	41 210
Macédoine	1 936	860
Malte	371	7 746
Moldavie	4 346	920
Monaco	34	25 00
Norvège	4 359	31 250
Pays-Bas	15 459	24 000
Pologne	38 595	2 790
Portugal	9 917	9 740
Roumanie	22 684	1 480
Royaume-Uni	58 606	18 700
Russie	147 939	2 240
Saint-Marin	25	17 000
Slovaquie	5 362	2 950
Slovénie	1 990	8 200
Suède	8 827	23 750
Suisse	7 041	40 630
Tchèque (Rép.)	10 327	3 870
Ukraine	51 473	1 630
Vatican	0,7	-
Yougoslavie	10 535	1 450

Les pays de l'Union européenne

Allemagne, Autriche, Belgique, Danemark, Espagne, Finlande, France, Grèce, Irlande, Italie, Luxembourg, Pays-Bas, Portugal, Royaume-Uni, Suède

L'UNION EUROPÉENNE
Organisation du territoire

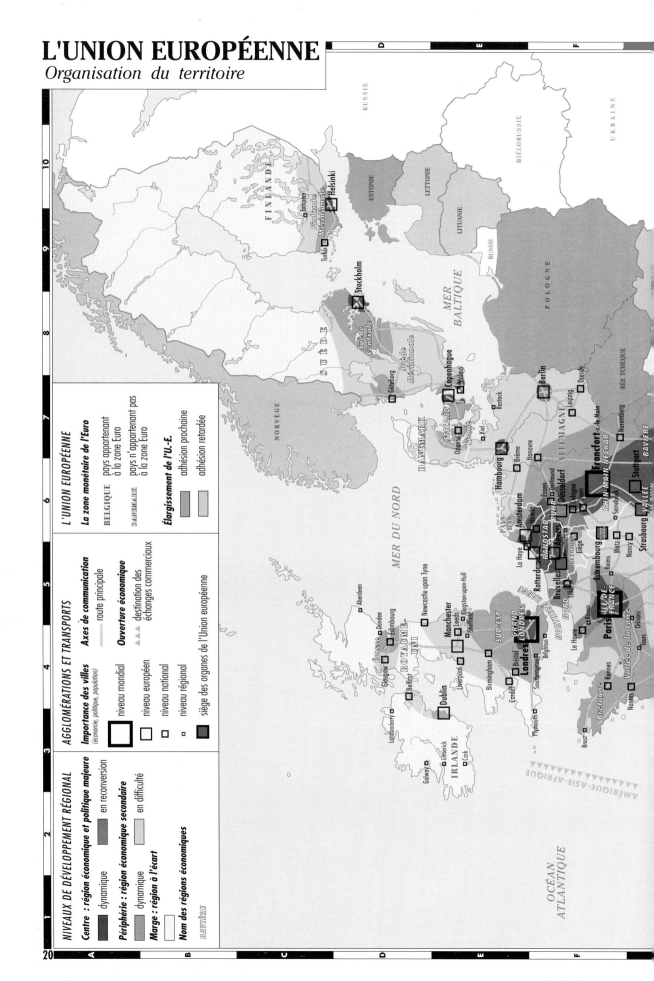

NIVEAUX DE DÉVELOPPEMENT RÉGIONAL

Centre : région économique et politique majeure
- dynamique
- en reconversion

Périphérie : région économique secondaire
- dynamique
- en difficulté

Marge : région à l'écart

Nom des régions économiques

BAVIÈRE

AGGLOMÉRATIONS ET TRANSPORTS

Importance des villes
(économie, politique, population)
- niveau mondial
- niveau européen
- niveau national
- niveau régional
- siège des organes de l'Union européenne

Axes de communication
- route principale

Ouverture économique
- ▲▲▲ destination des échanges commerciaux

L'UNION EUROPÉENNE

La zone monétaire de l'Euro
- BELGIQUE : pays appartenant à la zone Euro
- DANEMARK : pays n'appartenant pas à la zone Euro

Élargissement de l'U.-E.
- adhésion prochaine
- adhésion retardée

20

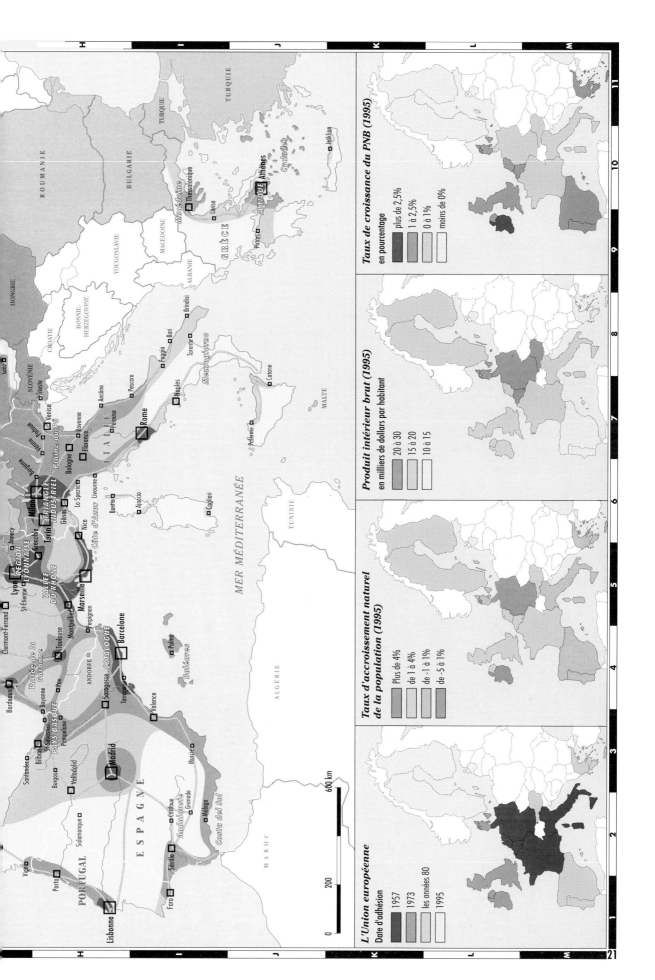

L'Union européenne

Date d'adhésion
- 1957
- 1973
- les années 80
- 1995

Taux d'accroissement naturel de la population (1995)
- Plus de 4%
- de 1 à 4%
- de -1 à 1%
- de -5 à 1%

Produit intérieur brut (1995)
en milliers de dollars par habitant
- 20 à 30
- 15 à 20
- 10 à 15

Taux de croissance du PNB (1995)
en pourcentage
- plus de 2,5%
- 1 à 2,5%
- 0 à 1%
- moins de 0%

PORTUGAL
ESPAGNE
FRANCE
ITALIE
GRÈCE
TURQUIE
ROUMANIE
BULGARIE
MACÉDOINE
ALBANIE
YOUGOSLAVIE
BOSNIE-HERZÉGOVINE
CROATIE
SLOVÉNIE
HONGRIE

MER MÉDITERRANÉE
MAROC
ALGÉRIE
TUNISIE
MALTE

Lisbonne
Porto
Vigo
Faro
Séville
Cordoue
Málaga
Grenade
Murcie
Valence
Salamanque
Valladolid
Burgos
Madrid
Saragosse
Tarragone
Barcelone
Bilbao
Santander
St-Sébastien
Pampelune
Perpignan
Montpellier
Toulouse
Pau
Bayonne
Bordeaux
Clermont-Ferrand
Lyon
St-Étienne
Grenoble
Annecy
Turin
Milan
Gênes
Nice
Marseille
Venise
Vérone
Trieste
Bologne
Florence
Ravenne
Pérouse
Rome
Naples
Ancône
Pescara
Foggia
Bari
Tarente
Brindisi
Cotrone
Potenza
Cagliari
Ajaccio
Bastia
La Spezia
Livourne
Larisa
Thessalonique
Athènes
Patras
Héraklion

PAYS BASQUE
CATALOGNE
Andalousie
Costa del Sol
Baléares
Cyclades
Macédoine
Mezzogiorno
Plaine du Pô
Golfe d'Azur
Côte d'Azur
Vallée du Rhône
RÉGION LYONNAISE
TRIANGLE INDUSTRIEL
Vallée de la Garonne

0   200   600 km

LA FRANCE ET LE BENELUX
Géographie physique

La France est le "finistère" de l'Europe. C'est le seul pays à être ouvert à la fois sur l'océan Atlantique, la mer Méditerranée et la Manche. La France est un condensé de tous les paysages et les types de relief de l'Europe. Les massifs les plus anciens (Massif armoricain, Ardenne, Vosges, Massif central) ont un relief émoussé et de faibles altitudes. L'activité volcanique du Massif central, causée par le soulevement des Alpes et des Pyrénées, n'a cessé que depuis 10 000 ans. Le paysage des bassins sédimentaires parisien et aquitain, est composé de vastes plaines et plateaux parcourus par les grands fleuves (Seine, Garonne). Les chaînes de montagnes plus jeunes (Alpes, Pyrénées et Jura) ont un relief haut et vigoureux. Ces montagnes ont été modelées par les glaciers qui ont creusé de vastes vallées en auge.

Au Nord, le Rhin forme un delta avec la Meuse. Près de son embouchure, des terres gagnées sur la mer constituent des polders protégés par des digues.

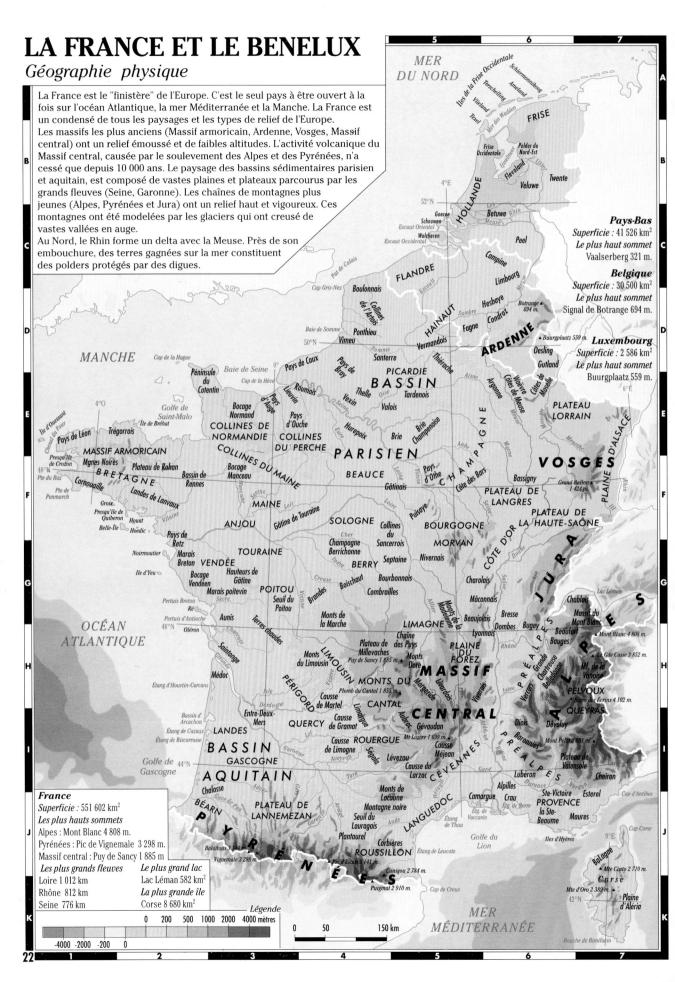

Pays-Bas
Superficie : 41 526 km²
Le plus haut sommet
Vaalserberg 321 m.

Belgique
Superficie : 30 500 km²
Le plus haut sommet
Signal de Botrange 694 m.

Luxembourg
Superficie : 2 586 km²
Le plus haut sommet
Buurgplaatz 559 m.

France
Superficie : 551 602 km²
Les plus hauts sommets
Alpes : Mont Blanc 4 808 m.
Pyrénées : Pic de Vignemale 3 298 m.
Massif central : Puy de Sancy 1 885 m

Les plus grands fleuves
Loire 1 012 km
Rhône 812 km
Seine 776 km

Le plus grand lac
Lac Léman 582 km²
La plus grande île
Corse 8 680 km²

Légende
0 200 500 1000 2000 4000 mètres
-4000 -2000 -200 0

0   50   150 km

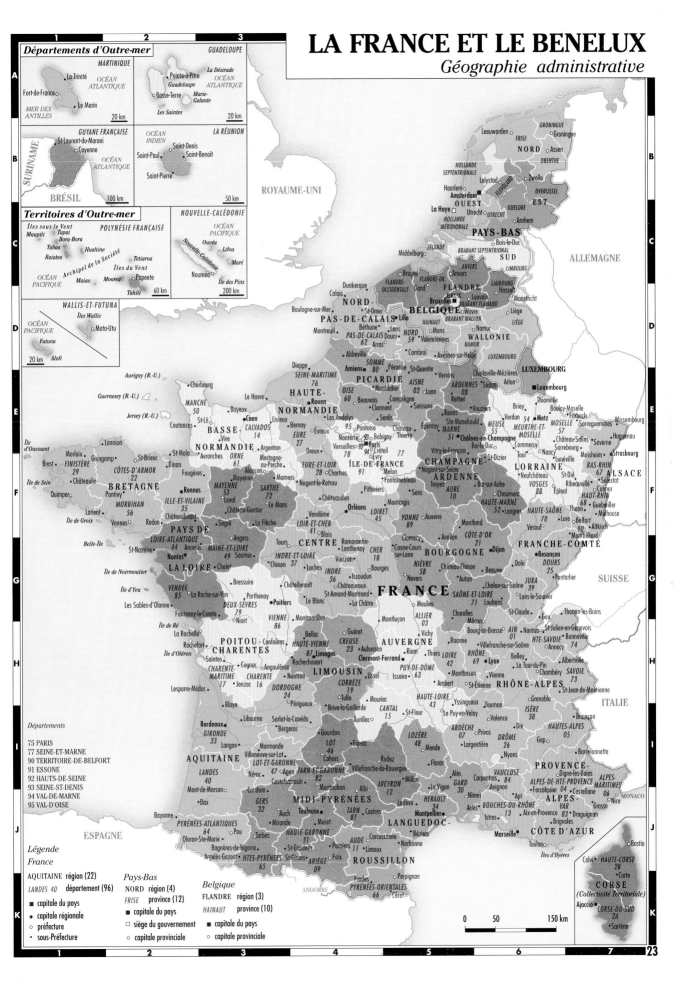

LA FRANCE ET LE BENELUX
Géographie administrative

LA FRANCE ET LE BENELUX

Le Benelux (Belgique, Pays-Bas, Luxembourg) est caractérisé par une population très dense (300 hab/km²) et très urbaine qui constitue la "dorsale européenne". Cette zone économique très dynamique s'étend de Liverpool (R.-U.) à Milan (Italie) en suivant l'axe rhénan. Rotterdam, à l'embouchure du Rhin, est le plus grand port de marchandises du monde, et le Luxembourg est une des premières places financières. Le Benelux est le cœur de l'Union européenne. Bruxelles, La Haye et Luxembourg en abritent les principales institutions.
En Belgique, les deux communautés, flamande au nord (néerlandophone) et wallonne au sud (francophone) ont provoqué une restructuration fédérale de l'État en fonction de critères linguistiques.

La France compte près de 59 millions d'habitants, inégalement répartis. Les zones les plus peuplées correspondent aux grandes agglomérations, en particulier la région parisienne, Lyon, le nord et l'est, ainsi que les façades maritimes. Trois français sur quatre vivent dans les villes dont les banlieues s'agrandissent, tandis que la campagne se dépeuple.
Paris est un pôle de décision dans l'Union européenne. La région Ile-de-France rassemble près de 20% de la population.
Le nord, région frontalière, possède un réseau urbain dense qui prolonge la zone des fortes densités européennes. En contact avec la "dorsale européenne", le nord-est prépare sa reconversion industrielle.
L'ouest, finistère de la France, est excentré par rapport aux réseaux commerciaux européens. Depuis 1950, l'agriculture s'est modernisée et la région a bénéficié de la délocalisation des industries parisiennes. Son réseau urbain est dense et composé de villes attractives.
La région lyonnaise est une région carrefour entre l'Europe du nord et l'Europe du sud. Lyon est le pôle le plus important après Paris. Les sports d'hiver ont transformé les paysages et l'économie des Alpes. Le massif alpin français est devenu la première région de ski au monde.
Le midi de la France s'est fortement développé grâce au tourisme. Un climat et des paysages très agréables y amènent chaque année 40 millions de touristes. La France est d'ailleurs la première destination touristique du monde. La région attire des retraités, mais aussi les jeunes actifs, dans des villes dynamiques, vouées aux activités de haute technologie.
Il existe également une "France du vide", dans les régions montagneuses (Alpes, Pyrénées, Massif central, Corse). Mais les campagnes sont peu à peu reconquises par une urbanisation satellite des grandes villes.

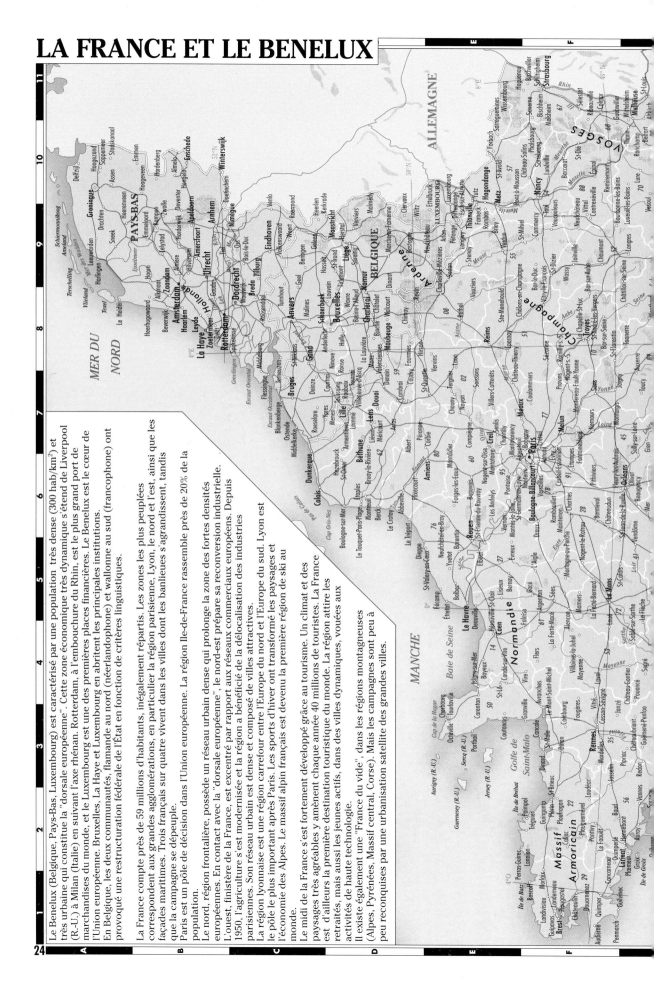

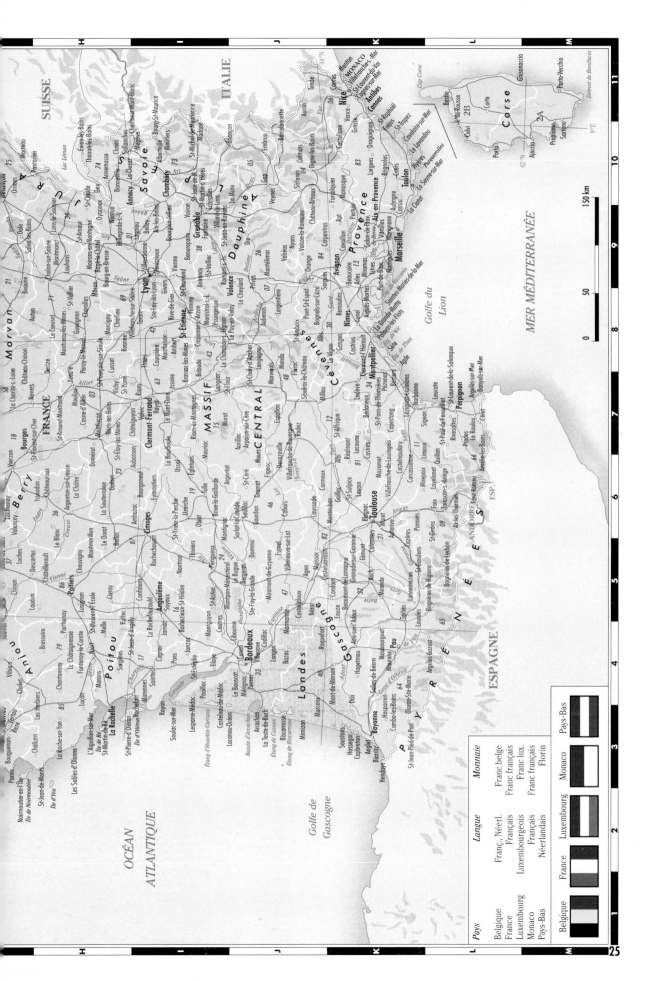

LA FRANCE ET LA BELGIQUE
Organisation du territoire

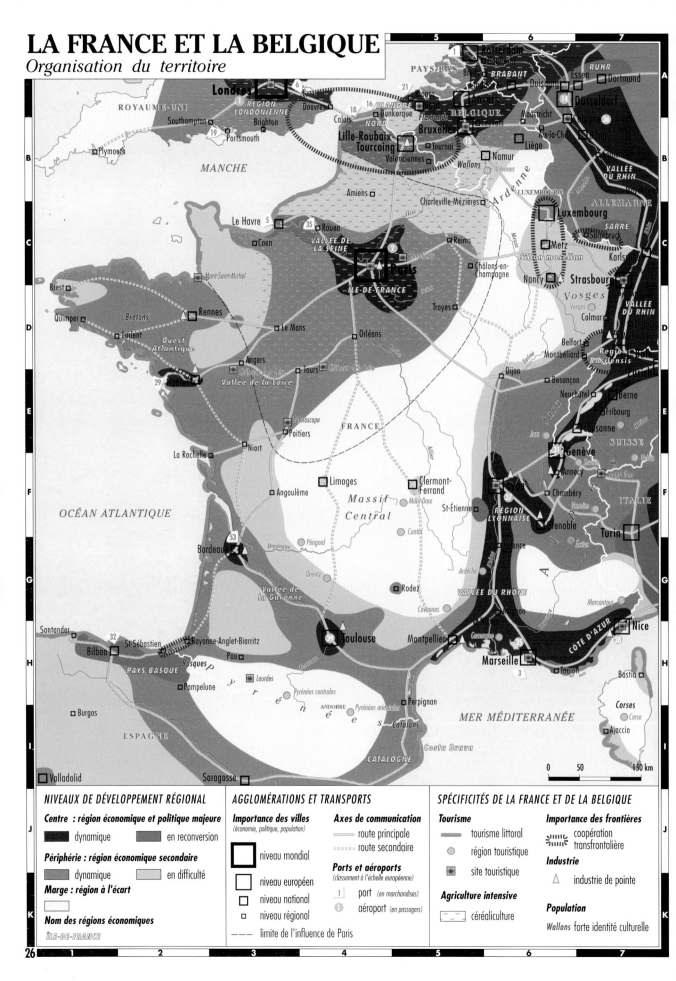

NIVEAUX DE DÉVELOPPEMENT RÉGIONAL

Centre : région économique et politique majeure
- dynamique
- en reconversion

Périphérie : région économique secondaire
- dynamique
- en difficulté

Marge : région à l'écart

Nom des régions économiques
ÎLE-DE-FRANCE

AGGLOMÉRATIONS ET TRANSPORTS

Importance des villes
(économie, politique, population)
- niveau mondial
- niveau européen
- niveau national
- niveau régional
- - - limite de l'influence de Paris

Axes de communication
- route principale
- - - - route secondaire

Ports et aéroports
(classement à l'échelle européenne)
- 1 port *(en marchandises)*
- ① aéroport *(en passagers)*

SPÉCIFICITÉS DE LA FRANCE ET DE LA BELGIQUE

Tourisme
- tourisme littoral
- région touristique
- site touristique

Agriculture intensive
- céréaliculture

Importance des frontières
- coopération transfrontalière

Industrie
- △ industrie de pointe

Population
Wallons forte identité culturelle

LES DÉPARTEMENTS D'OUTRE-MER
Organisation du territoire

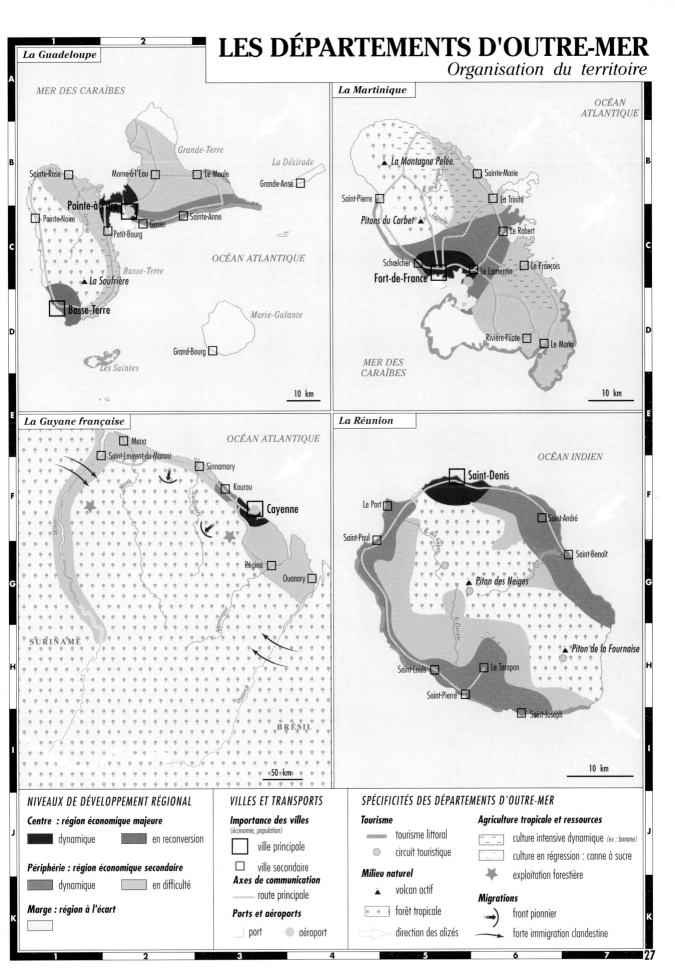

La Guadeloupe

MER DES CARAÏBES

Grande-Terre

La Désirade

Sainte-Rose · Morne-à-l'Eau · Le Moule

Grande-Anse

Pointe-Noire · Pointe-à-Pitre · Gosier · Sainte-Anne

Petit-Bourg

Basse-Terre

▲ *La Soufrière*

Basse-Terre

OCÉAN ATLANTIQUE

Marie-Galante

Grand-Bourg

Les Saintes

10 km

La Martinique

OCÉAN ATLANTIQUE

▲ *La Montagne Pelée*

Sainte-Marie

Saint-Pierre

Le Trinité

Pitons du Carbet ▲

Le Robert

Schœlcher

Le François

Fort-de-France · Le Lamentin

Rivière-Pilote · Le Marin

MER DES CARAÏBES

10 km

La Guyane française

OCÉAN ATLANTIQUE

Mana

Saint-Laurent-du-Maroni

Sinnamary

Kourou

Cayenne

Régina

Ouanary

SURINAME

BRÉSIL

50 km

La Réunion

OCÉAN INDIEN

Saint-Denis

Le Port · Saint-André

Saint-Paul · Saint-Benoît

▲ Piton des Neiges

▲ Piton de la Fournaise

Saint-Louis · Le Tampon

Saint-Pierre

Saint-Joseph

10 km

NIVEAUX DE DÉVELOPPEMENT RÉGIONAL

Centre : région économique majeure

- dynamique
- en reconversion

Périphérie : région économique secondaire

- dynamique
- en difficulté

Marge : région à l'écart

VILLES ET TRANSPORTS

Importance des villes
(économie, population)

- ville principale
- ville secondaire

Axes de communication

- route principale

Ports et aéroports

- port
- aéroport

SPÉCIFICITÉS DES DÉPARTEMENTS D'OUTRE-MER

Tourisme

- tourisme littoral
- circuit touristique

Milieu naturel

- ▲ volcan actif
- forêt tropicale
- direction des alizés

Agriculture tropicale et ressources

- culture intensive dynamique *(ex : banane)*
- culture en régression : canne à sucre
- ★ exploitation forestière

Migrations

- front pionnier
- forte immigration clandestine

27

LES ÎLES BRITANNIQUES

Les îles Britanniques regroupent deux pays : l'Irlande, et le Royaume-Uni formé de l'Angleterre, du Pays de Galles, de l'Écosse et de l'Irlande du Nord. Les écossais, les gallois et les irlandais ont conservé une identité culturelle et linguistique. La population est très urbanisée (90 % au R.-Uni). Elle est surtout regroupée dans le sud de l'Angleterre, en particulier autour de Londres, et dans les anciens bassins miniers de Manchester et de Birmingham, ou autour des grands ports comme Liverpool, Portsmouth et Bristol.

Grâce à une industrie de haute technologie et à ses fonctions financières, Londres est la principale ville européenne.

L'Écosse et le Pays de Galles sont en crise industrielle depuis plus de 50 ans. Mais l'exploitation du pétrole en mer du Nord a permis de relancer l'activité en Écosse.

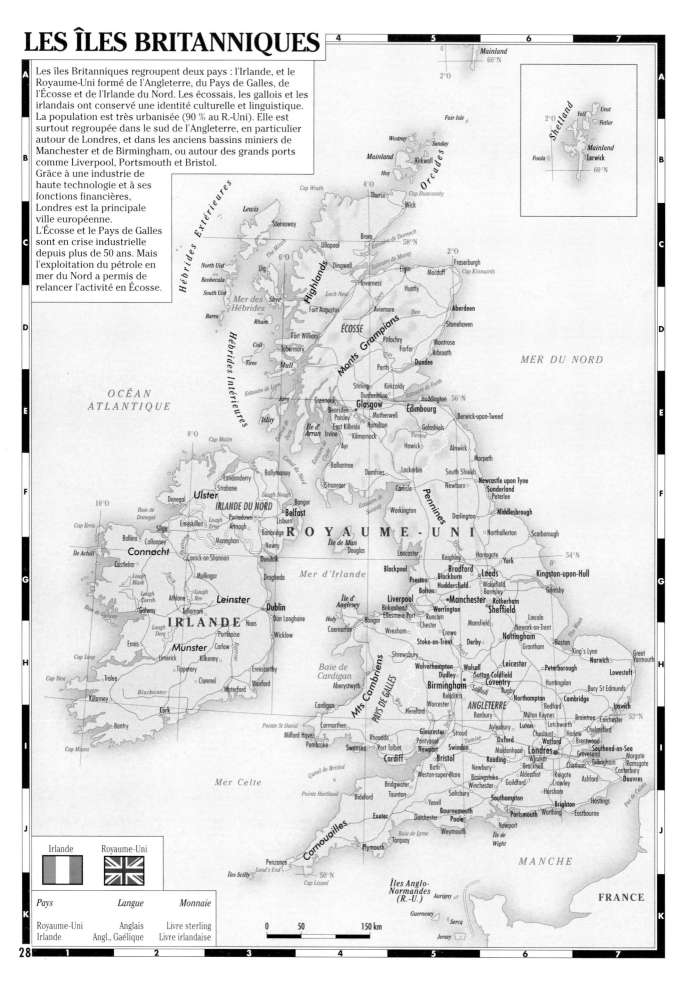

Pays	Langue	Monnaie
Royaume-Uni	Anglais	Livre sterling
Irlande	Angl., Gaélique	Livre irlandaise

Irlande   Royaume-Uni

0   50   150 km

L'EUROPE CENTRALE

Pays	Langue	Monnaie
Allemagne	Allemand	Deutsche Mark
Autriche	Allemand	Schilling
Danemark	Danois	Couronne dan.
Liechtenstein	Allemand	Franc suisse
Suisse	Allem., Franç.	Franc suisse

Allemagne

Autriche

Danemark

Liechtenstein

Suisse

L'Allemagne est caractérisée par une population très dense (300 hab/km2) et très urbaine concentrée sur l'axe rhénan, où s'est développée l'industrie. Elle est le cœur de la "dorsale européenne", et est aujourd'hui la plus grande puissance économique de l'Europe. Le Danemark, à la fois insulaire et continental, ouvre la voie vers les pays scandinaves. Le Groenland lui appartient, mais possède un statut autonome et ne fait pas partie de l'Union européenne.
Au sud, les Alpes occupent les 3/4 de l'Autriche et de la Suisse. Ces pays alpins sont spécialisés dans les activités de services. La Suisse, pays neutre depuis 1815, abrite de ce fait de nombreux sièges d'organisations internationales.
L'Autriche développe les activités de services dans les grandes villes, le tourisme, et l'élevage en montagne.

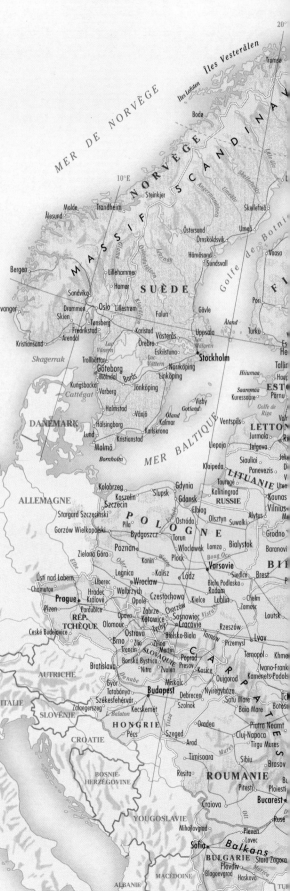

Pays	Langue	Monnaie
Biélorussie	Biélorusse	Rouble biél.
Bulgarie	Bulgare	Lev
Estonie	Estonien	Couronne est.
Finlande	Finnois	Markka
Hongrie	Hongrois	Forint hongr.
Islande	Islandais	Couronne isl.
Lettonie	Letton	Lats
Lituanie	Lituanien	Litas
Moldavie	Moldave	Leu
Norvège	Bokmål	Couronne norv.
Pologne	Polonais	Nouveau Zloty
Roumanie	Roumain	Leu
Russie	Russe	Rouble russe
Slovaquie	Slovaque	Couronne slov.
Suède	Suédois	Couronne suéd.
Rép. Tchèque	Tchèque	Couronne tch.
Ukraine	Ukrainien	Hrivna

La Scandinavie est la région naturelle qui regroupe les pays d'Europe du nord : Norvège, Suède, Finlande, Danemark et Islande. Elle se caractérise par un climat froid et maritime, un peuplement très faible regroupé dans les régions méridionales, la présence de forêt et l'ouverture sur la mer.
À l'exception de la Norvège, les pays scandinaves sont relativement plats, mais très marqués par la dernière période glaciaire. La mer a envahi les anciennes vallées glaciaires, formant ainsi les fjords qui découpent toute la côte norvégienne. En Suède et en Finlande, les nombreux lacs sont également des vestiges de la dernière période glaciaire. L'Islande est une île volcanique qui possède encore de grands glaciers.

L'Europe de l'est est une vaste plaine dans sa partie nord, qui s'étend jusqu'à l'Oural. Au sud de la Pologne, les Carpates, formés en même temps que les Alpes forment un arc de cercle qui séparent deux grands bassins fluviaux : Le Danube qui coule vers la mer Noire et la Vistule au nord qui sillonne la vaste plaine polonaise. Les pays drainés par le Danube, et l'Ukraine, avec le Dniepr ont des terres propices à l'agriculture.

La partie européenne de la Russie, qui s'arrête à l'Oural, représente à peu près un quart de la superficie totale du pays. Drainée par la Volga, la Russie européenne est une vaste plaine fertile où se concentrent la population et les industries. La région de Moscou est le cœur économique du pays malgré la pauvreté en matières premières, qui se trouvent essentiellement dans la péninsule de Kola et dans l'Oural. La population s'est développée de façon concentrique autour de la capitale. Sur la mer Baltique, Saint-Pétersbourg est le plus grand port de Russie.

L'Europe centrale est très marquée par la dislocation de l'ex-URSS. Des états indépendants, comme la Pologne, la Hongrie, la République Tchèque, la Slovaquie, la Roumanie et la Bulgarie se sont libérées de l'influence de l'URSS en 1989. Anciennes républiques soviétiques, l'Estonie, la Lettonie, la Lituanie, la Biélorussie, l'Ukraine et la Moldavie sont devenues indépendantes en 1991. Attirés par l'Union européenne, ces pays cherchent maintenant à moderniser leur économie.

LA SCANDINAVIE ET L'EUROPE DE L'EST

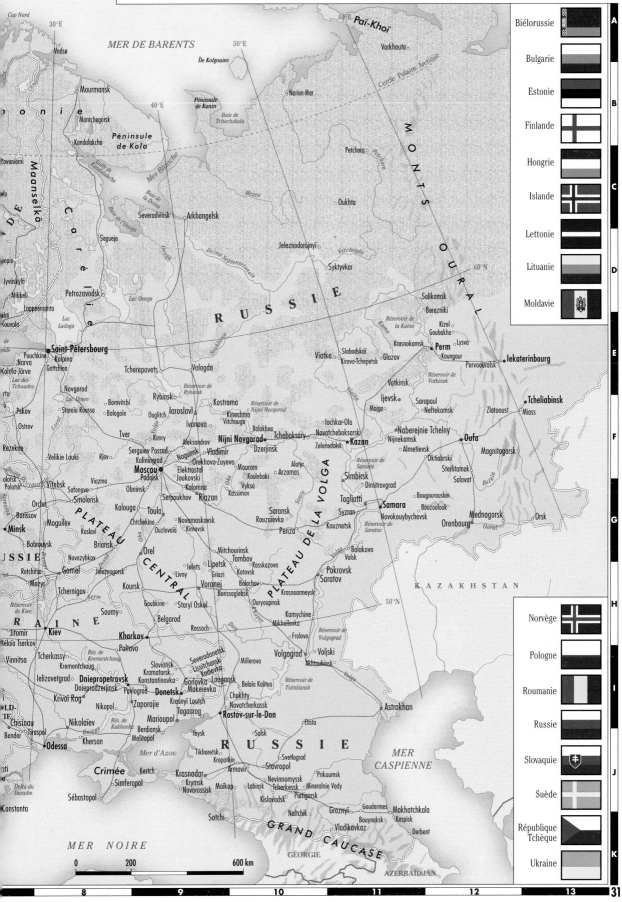

Biélorussie

Bulgarie

Estonie

Finlande

Hongrie

Islande

Lettonie

Lituanie

Moldavie

Norvège

Pologne

Roumanie

Russie

Slovaquie

Suède

République Tchèque

Ukraine

Carte principale :

Cap Nord

MER DE BARENTS

Paï-Khoï

Vadsø

30°E

50°E

60°E

Vorkhouta

Île Kolgouiev

40°E

Narian-Mar

Cercle Polaire Arctique

Mourmansk

Péninsule de Kanin

MONTS OURAL

Montchegorsk

Baie de Tchechskaïa

Kandalaksha

Péninsule de Kola

Petchora

Petchora

o n i e

Rovaniemi

Golfe de Kandalaksha

Mer Blanche

Oukhta

DE

Mer Blanche

Maanselkä

Baie de la Dvina

Severodvinsk

Arkhangelsk

iopio

Jyväskylä

Mezen

Baie de l'Onega

Segueja

Dvina Septentrionale

Vytchegda

Syktyvkar

Mikkeli

Onega

Jeleznodorojnyï

60°N

ahti

Lappeenranta

Carélie

Solikamsk

Berezniki

Kizel

Goubakha

Réservoir de la Kama

Kama

de

Lac Ladoga

Petrozavodsk

RUSSIE

Krasnokamsk

Perm

Lysva

Koungour

Lac Onega

Iekaterinbourg

Pervoouralsk

Saint-Pétersbourg

Pouchkine

Kolpino

Tcherepovets

Viatka

Slobodskoï

Glazov

Kirovo-Tchepetsk

Réservoir de Votkinsk

Narva

Gattchina

Vologda

Votkinsk

Ijevsk

Sarapoul

Tcheliabinsk

Kohtla-Järve

Lac des Tchoudes

Novgorod

Rybinsk

Réservoir de Rybinsk

IoLhkar-Ola

Mojga

Neftekamsk

Zlatooust

Miass

Pskov

Staraïa Roussa

Borovitchi

Bologoïe

Kostroma

Réservoir de Nijni Novgorod

Naberejnie Tchelny

Oufa

Ostrov

Lac Ilmen

Ouglitch

Iaroslavl

Kinechma

Vitchouga

Novotcheboksarsk

Nijnekamsk

Rezekne

Tver

Kimry

Ivanovo

Balakhna

Tcheboksary

Kazan

Almetievsk

Oktiabrski

Magnitogorsk

Velikie Louki

Rjev

Serguiev Possad

Nijni Novgorod

Vladimir

Dzerjinsk

Zelenodolsk

Sterlitamak

Salavat

Aleksandrov

Noguinsk

Orekhovo-Zuevo

Mourom

Alatyr

Arzamas

Simbirsk

Viazma

Moscou

Elektrostal

Joukovski

Vyksa

Dimitrovgrad

Bougourouslan

Orsk

Safonovo

Podolsk

Obninsk

Kolomna

Kassimov

Togliatti

Bouzoulouk

Orcha

Smolensk

Serpoukhov

Riazan

Saransk

Syzran

Samara

Mednogorsk

Kalouga

Toula

Novomoskovsk

Rouzaïevka

Novokouybychevsk

Orenbourg

Minsk

Chtchekino

Ouzlovaïa

Kimovsk

Penza

Kouznetsk

Réservoir de Saratov

Ourat

Bobrouisk

Roslavl

PLATEAU

Mitchourinsk

Balakovo

Moguilev

Novozybkov

Orel

Tambov

Rasskazovo

Volsk

Borissov

Retchitsa

Jeleznogorsk

Ielets

Lipetsk

Griazi

Kotovsk

Pokrovsk

KAZAKHSTAN

Gomel

Livny

Saratov

Mozyr

Tchernigov

Koursk

Voronej

Balachov

Krasnoarmeysk

Soumy

Goubkine

Staryï Oskol

Borissoglebsk

Belgorod

Ourioupinsk

Kamychine

Réservoir de Kiev

Kiev

Rossoch

Mikheïlovka

Réservoir de Volgograd

Jitomir

RAINE

Frolovo

Bélaïa Tserkov

Tcherkassy

Poltava

Kharkov

Vinnitsa

Ielizavetgrad

Krementchoug

Severodonetsk

Lissitchansk

Millerovo

Volgograd

Voljski

Belaïa Kalitva

Akhtoubinsk

Dniepropetrovsk

Slaviansk

Kramatorsk

Kadievka

Lougansk

Réservoir de Tsimliansk

Dnieprodzerjinsk

Pavlograd

Konstantinovka

Gorlovka

Donetsk

Makeievka

Volga

Krivoï Rog

Nikopol

Zaporojie

Krasnyï Loutch

Chakhty

Astrakhan

Chisinau

Nikolaïev

Réservoir de Kakhovka

Marioupol

Novotcherkassk

Tagarrog

Rostov-sur-le-Don

LD-TE

Bender

Kherson

Berdiansk

Melitopol

Ieysk

Elista

Salsk

RUSSIE

Odessa

Tiraspol

Mer d'Azov

Tikhoretsk

MER CASPIENNE

Kropotkin

Svetlograd

Kertch

Krasnodar

Stavropol

Crimée

Armavir

Prikoumsk

Simferopol

Krymsk

Novorossisk

Maïkop

Nevinnomyssk

Tcherkessk

Mineralnie Vody

Piatigorsk

Sébastopol

Labinsk

Kislovodsk

Naltchik

Goudermes

Makhatchkala

Constanta

Delta du Danube

Sotchi

Grozny

Bouynaksk

Kaspisk

GRAND CAUCASE

Vladikavkaz

Derbent

MER NOIRE

GÉORGIE

AZERBAÏDJAN

0   200   600 km

L'EUROPE DU NORD
Organisation du territoire

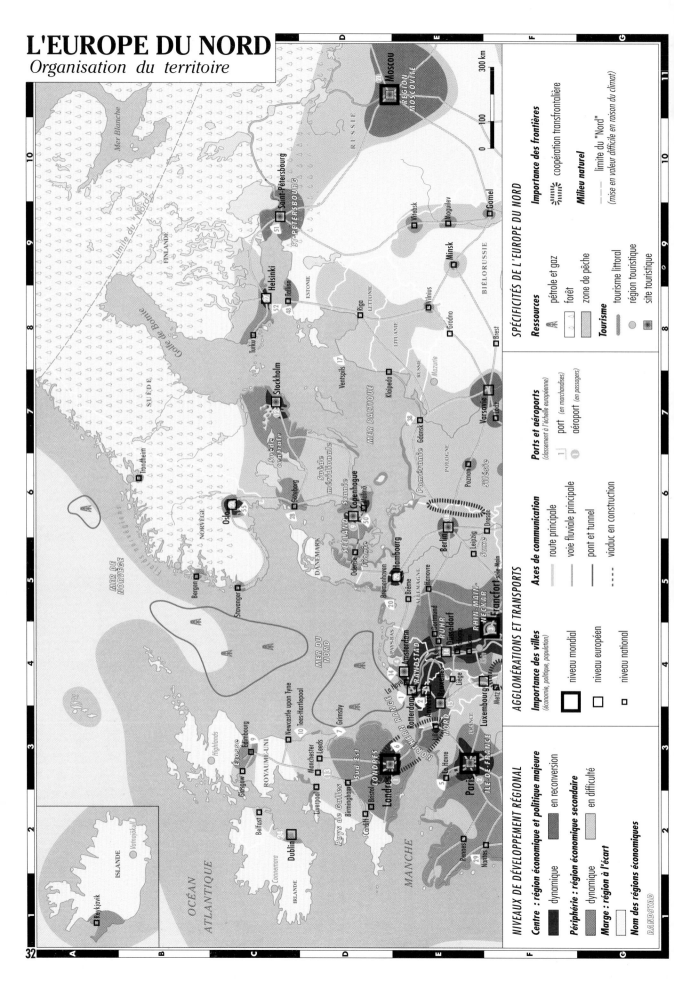

NIVEAUX DE DÉVELOPPEMENT RÉGIONAL

Centre : région économique et politique majeure
- dynamique
- en reconversion

Périphérie : région économique secondaire
- dynamique
- en difficulté

Marge : région à l'écart

Nom des régions économiques

RANDSTAD

AGGLOMÉRATIONS ET TRANSPORTS

Importance des villes
(économie, politique, population)
- niveau mondial
- niveau européen
- niveau national

Axes de communication
- route principale
- voie fluviale principale
- pont et tunnel
- viaduc en construction

Ports et aéroports
(classement à l'échelle européenne)
- **1** port *(en marchandises)*
- aéroport *(en passagers)*

SPÉCIFICITÉS DE L'EUROPE DU NORD

Ressources
- pétrole et gaz
- forêt
- zone de pêche

Tourisme
- tourisme littoral
- région touristique
- site touristique

Importance des frontières
- coopération transfrontalière

Milieu naturel
- limite du "Nord"
  (mise en valeur difficile en raison du climat)

Principal place names on the map:

Reykjavík, Vatnajökull, ISLANDE, OCÉAN ATLANTIQUE, Mer Blanche, Limite du "Nord", MER DE NORVÈGE, Golfe de Bonne, Trondheim, NORVÈGE, SUÈDE, FINLANDE, Bergen, Stavanger, Oslo, Göteborg, Stockholm, Suède centrale, Suède méridionale, Helsinki, Turku, Tallinn, ESTONIE, Saint-Pétersbourg, RÉGION MOSCOVITE, Moscou, RUSSIE, MER BALTIQUE, Ventspils, Riga, LETTONIE, Klaipeda, LITUANIE, Vilnius, Grodno, Minsk, BIÉLORUSSIE, Vitebsk, Moguilev, Gomel, Brest, Mazurie, POLOGNE, Poznan, Dresde, Leipzig, Berlin, Gdansk, Poméranie, Varsovie, Łódź, Silésie, DANEMARK, SJÆLLAND, Copenhague, Malmö, Odense, Fionie, Hambourg, Brême, Bremenhaven, Hanovre, ALLEMAGNE, Dortmund, RUHR, Düsseldorf, Cologne, RHIN-MAIN-NECKAR, Francfort sur-le-Main, MANCHE, MER DU NORD, IRLANDE, Belfast, Dublin, Connemara, Glasgow, Écosse, Highlands, ROYAUME-UNI, Édimbourg, Newcastle upon Tyne, Tees-Hartlepool, Manchester, Leeds, Liverpool, Birmingham, Pays de Galles, Bristol, Cardiff, Sud-Est, NORTHERN RANGE, Londres, Grimsby, Le Havre, Rennes, Nantes, ÎLE-DE-FRANCE, Paris, FRANCE, Metz, Luxembourg, Liège, Anvers, Rotterdam, La Haye, Amsterdam, RANDSTAD, PAYS-BAS

300 km 0 100 200

L'EUROPE CENTRALE ET DE L'EST
Organisation du territoire

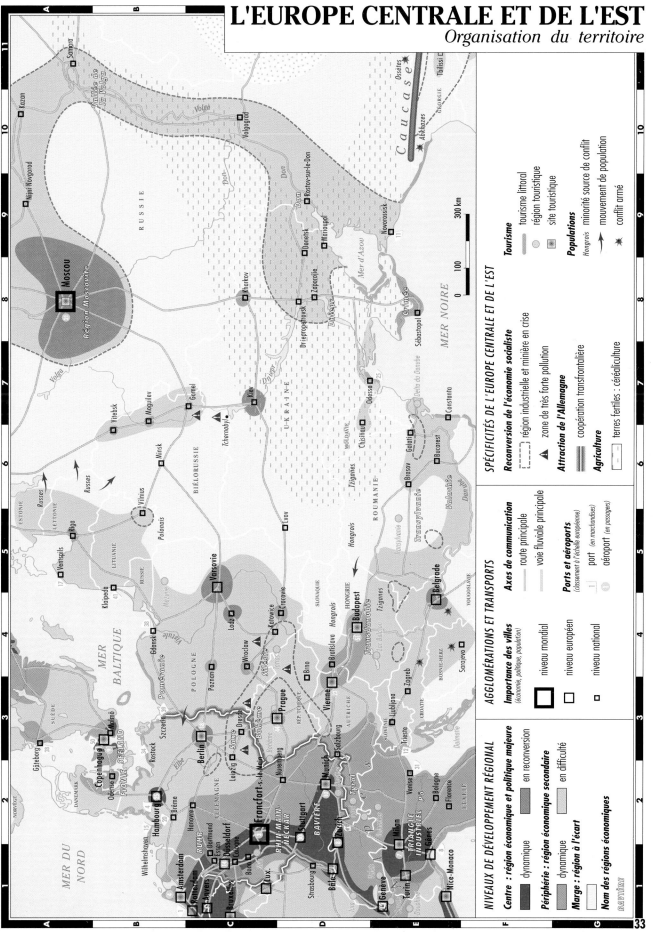

NIVEAUX DE DÉVELOPPEMENT RÉGIONAL

Centre : région économique et politique majeure
- dynamique
- en reconversion

Périphérie : région économique secondaire
- dynamique
- en difficulté

Marge : région à l'écart

Nom des régions économiques

BAVIÈRE

AGGLOMÉRATIONS ET TRANSPORTS

Importance des villes
(économie, politique, population)
- niveau mondial
- niveau européen
- niveau national

Axes de communication
- route principale
- voie fluviale principale

Ports et aéroports
(classement à l'échelle européenne)
- port *(en marchandises)*
- aéroport *(en passagers)*

SPÉCIFICITÉS DE L'EUROPE CENTRALE ET DE L'EST

Reconversion de l'économie socialiste
- région industrielle et minière en crise
- zone de très forte pollution

Attraction de l'Allemagne
- coopération transfrontalière

Agriculture
- terres fertiles : céréaliculture

Tourisme
- tourisme littoral
- région touristique
- site touristique

Populations
- *Hongrois* minorité source de conflit
- mouvement de population
- conflit armé

0   100   300 km

33

LA PÉNINSULE IBÉRIQUE

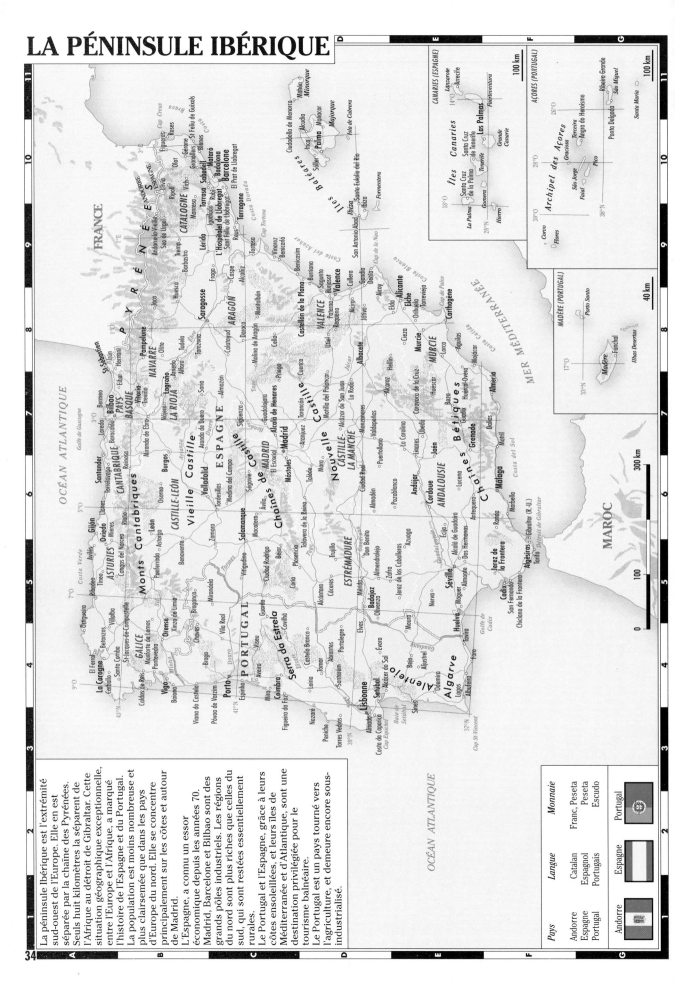

La péninsule Ibérique est l'extrémité sud-ouest de l'Europe. Elle en est séparée par la chaîne des Pyrénées. Seuls huit kilomètres la séparent de l'Afrique au détroit de Gibraltar. Cette situation géographique exceptionnelle, entre l'Europe et l'Afrique, a marqué l'histoire de l'Espagne et du Portugal. La population est moins nombreuse et plus clairsemée que dans les pays d'Europe du nord. Elle se concentre principalement sur les côtes et autour de Madrid.

L'Espagne, a connu un essor économique depuis les années 70. Madrid, Barcelone et Bilbao sont des grands pôles industriels. Les régions du nord sont plus riches que celles du sud, qui sont restées essentiellement rurales.

Le Portugal et l'Espagne, grâce à leurs côtes ensoleillées, et leurs îles de Méditerranée et d'Atlantique, sont une destination privilégiée pour le tourisme balnéaire.

Le Portugal est un pays tourné vers l'agriculture, et demeure encore sous-industrialisé.

Pays	Langue	Monnaie
Andorre	Catalan	Franc, Peseta
Espagne	Espagnol	Peseta
Portugal	Portugais	Escudo

Andorre Espagne Portugal

L'ITALIE

Au nord de l'Italie, la chaîne des Alpes forme un arc de cercle de 1000 km. Dans la péninsule, les Apennins s'étirent de la frontière française jusqu'au sud de l'Italie. Les îles de Sardaigne et de Sicile, également montagneuses, sont les deux plus grandes îles de la Méditerranée. Au nord de la péninsule, entre les Alpes et les Apennins, le Pô coule vers la mer Adriatique en traversant la seule grande plaine italienne. C'est ici que se concentrent la population et les activités économiques du pays. La plaine du Pô est reliée à l'Europe du nord par les cols alpins. Milan est la capitale économique du pays. Elle forme avec Turin et Gênes le "triangle industriel" de l'Italie. En comparaison, le sud de l'Italie accuse un important retard économique. Les côtes méditerranéennes et les villes au riche patrimoine culturel, comme Rome, Florence et Venise, attirent de nombreux touristes.

Pays	Langue	Monnaie
Italie	Italien	Lire italienne
Malte	Maltais, Angl.	Lire maltaise
Saint-Marin	Italien	Lire italienne
Vatican	Italien	Lire italienne

0   100   300 km

Italie   Malte   Saint-Marin   Vatican

LA PÉNINSULE BALKANIQUE

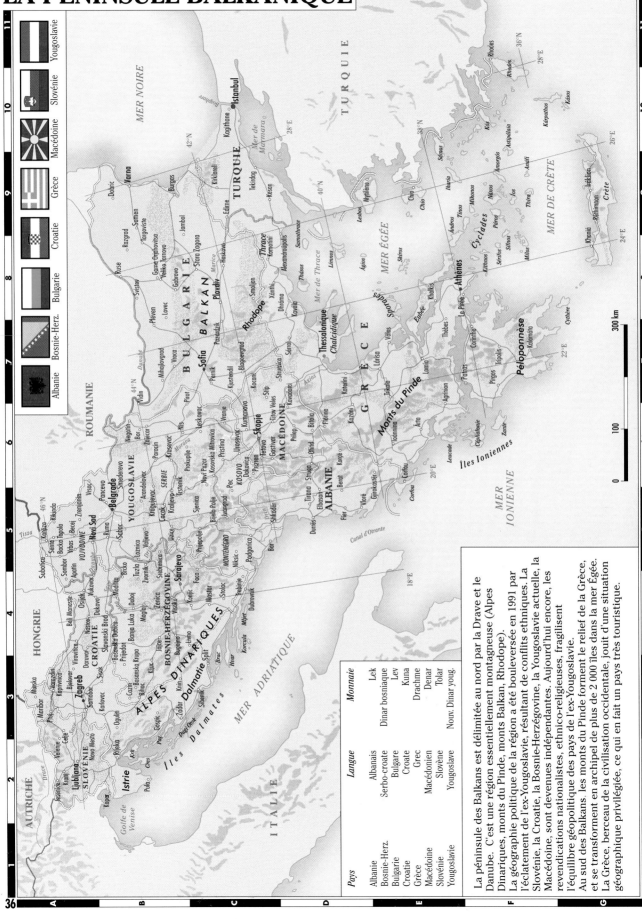

	Yougoslavie
	Slovénie
	Macédoine
	Grèce
	Croatie
	Bulgarie
	Bosnie-Herz.
	Albanie

Pays	Langue	Monnaie
Albanie	Albanais	Lek
Bosnie-Herz.	Serbo-croate	Dinar bosniaque
Bulgarie	Bulgare	Lev
Croatie	Croate	Kuna
Grèce	Grec	Drachme
Macédoine	Macédonien	Denar
Slovénie	Slovène	Tolar
Yougoslavie	Yougoslave	Nouv. Dinar youg.

La péninsule des Balkans est délimitée au nord par la Drave et le Danube. C'est une région essentiellement montagneuse (Alpes Dinariques, monts du Pinde, monts Balkan, Rhodope).
La géographie politique de la région a été bouleversée en 1991 par l'éclatement de l'ex-Yougoslavie, résultant de conflits ethniques. La Slovénie, la Croatie, la Bosnie-Herzégovine, la Yougoslavie actuelle, la Macédoine, sont devenues indépendantes. Aujourd'hui encore, les revendications nationalistes, ethnico-religieuses, fragilisent l'équilibre géopolitique des pays de l'ex-Yougoslavie.
Au sud des Balkans. les monts du Pinde forment le relief de la Grèce, et se transforment en archipel de plus de 2 000 îles dans la mer Égée.
La Grèce, berceau de la civilisation occidentale, jouit d'une situation géographique privilégiée, ce qui en fait un pays très touristique.

L'EUROPE DU SUD
Organisation du territoire

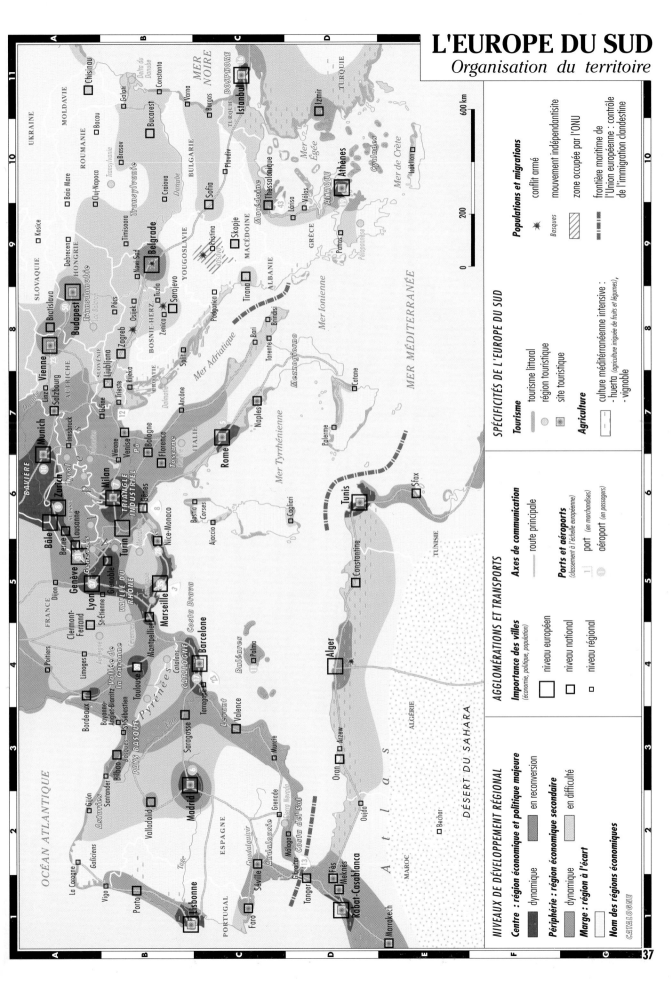

SPÉCIFICITÉS DE L'EUROPE DU SUD

Tourisme
- tourisme littoral
- région touristique
- site touristique

Agriculture
- culture méditerranéenne intensive :
  - huerta *(agriculture irriguée de fruits et légumes)*,
  - vignoble

Populations et migrations
- conflit armé
- mouvement indépendantiste
- zone occupée par l'ONU
- *Basques*
- frontière maritime de l'Union européenne : contrôle de l'immigration clandestine

AGGLOMÉRATIONS ET TRANSPORTS

Importance des villes
(économie, politique, population)
- niveau européen
- niveau national
- niveau régional

Axes de communication
- route principale

Ports et aéroports
(classement à l'échelle européenne)
- port *(en marchandises)*
- aéroport *(en passagers)*

NIVEAUX DE DÉVELOPPEMENT RÉGIONAL

Centre : région économique et politique majeure
- dynamique
- en reconversion

Périphérie : région économique secondaire
- dynamique
- en difficulté

Marge : région à l'écart

Nom des régions économiques
CATALOGNE

600 km
0   200

L'AFRIQUE
Géographie physique

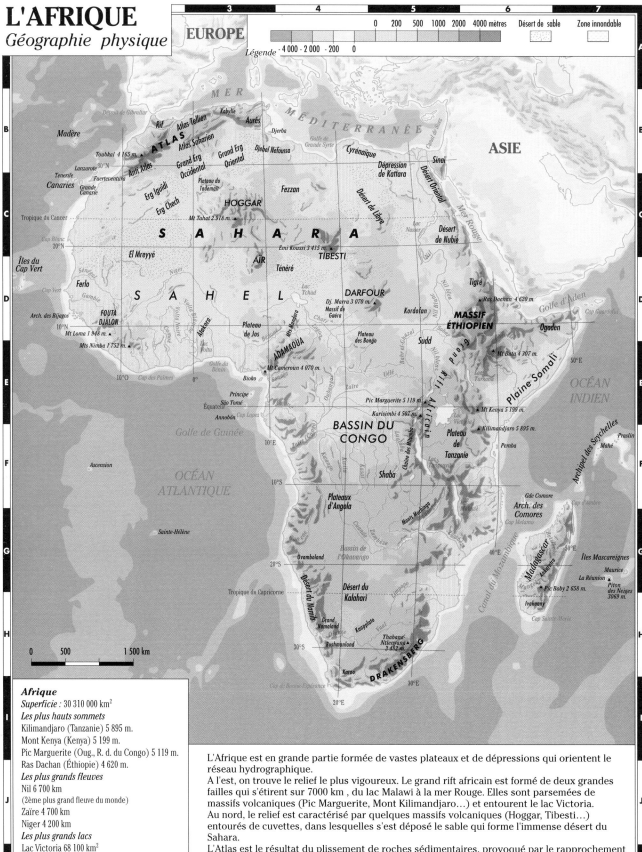

Légende — 0 200 500 1000 2000 4000 mètres · Désert de sable · Zone innondable
-4 000 -2 000 -200 0

EUROPE · ASIE

MER MÉDITERRANÉE

Madère
Détroit de Gibraltar
Rif · Atlas Tellien · Kabylie · Aurès · Djerba
ATLAS · Atlas Saharien · Djebel Nefoussa · Golfe de Grande Syrte · Cyrénaïque · Canal de Suez · Sinaï · Désert Oriental
Toubkal 4 165 m. · Anti Atlas · Grand Erg Occidental · Grand Erg Oriental · Djebel Nefoussa · Dépression de Kattara
Lanzarote · 30°N · Fezzan
Tenerife · Fuerteventura · Plateau du Tademaït
Canaries · Grande Canarie · Erg Iguidi · HOGGAR
Erg Chech
Tropique du Cancer · Mt Tahat 2 918 m. · S A H A R A · Lac Nasser · Désert de Nubie
Cap Blanc · 20°N · El Mreyyé · AÏR · Emi Koussi 3 415 m. · TIBESTI · Mer Rouge
Îles du Cap Vert · Ténéré · Tigré · Ras Dachan 4 620 m.
Sénégal · S A H E L · DARFOUR · Golfe d'Aden · Cap Guardafui
Cap Vert · Ferlo · Lac Tchad · Dj. Marra 3 070 m. Massif de Guéra · Kordofan · MASSIF ÉTHIOPIEN · Ogaden
Arch. des Bijagos · 10°N · FOUTA DJALON · Niger · Gambie · Volta Blanche · Plateau de Jos · Mts Mandara · Plateau des Bongo · Sudd · Mt Batu 4 307 m.
Mt Loma 1 948 m. · Lac Volta · Atakora · Chari · 50°E
Mts Nimba 1 752 m. · ADAMAOUA · Mt Cameroun 4 070 m. · Bahr el-Ghazal · Plaine Somali · OCÉAN INDIEN
10°O · Cap des Palmes · 0° · Golfe du Bénin · Bioko · Sénégal · Uélé · Lac Turkana
Príncipe · São Tomé · Zaïre · Mt Kenya 5 199 m.
Équateur · Annobón · Cap Lopez · Pic Marguerite 5 119 m. · Kilimandjaro 5 895 m. · Praslin
Golfe de Guinée · Karisimbi 4 507 m. · Rift Africain · Plateau de Tanzanie · Mahé · Archipel des Seychelles
10°E · BASSIN DU CONGO · Lac Victoria · Pemba
Ascension · OCÉAN ATLANTIQUE · 10°S · Shaba · Chaîne des Mitumba · Lac Tanganyika
Plateaux d'Angola · Monts Muchinga · Arch. des Comores · Gde Comore · Cap d'Ambre
Sainte-Hélène · Cap Melano · Îles Mascareignes
Zambèze · Madagascar · 50°E
Ovamboland · Bassin de l'Okavango · Maurice · La Réunion · Piton des Neiges 3069 m.
20°S · Canal du Mozambique · Mananara · Pic Boby 2 658 m.
Tropique du Capricorne · Désert du Namib · Désert du Kalahari · Limpopo · Ivakoany · Cap Sainte-Marie
Grand Namaland · Kaapvaal · Vaal
Bushmanland · Thabana-Ntlenyana 3 482 m. · 30°S · 30°E
Karoo · DRAKENSBERG · 20°E
Cap de Bonne-Espérance

0 500 1 500 km

Afrique

Superficie : 30 310 000 km²

Les plus hauts sommets
Kilimandjaro (Tanzanie) 5 895 m.
Mont Kenya (Kenya) 5 199 m.
Pic Marguerite (Oug., R. d. du Congo) 5 119 m.
Ras Dachan (Éthiopie) 4 620 m.

Les plus grands fleuves
Nil 6 700 km
(2ème plus grand fleuve du monde)
Zaïre 4 700 km
Niger 4 200 km

Les plus grands lacs
Lac Victoria 68 100 km²
Lac Tanganyika 31 900 km²
Lac Malawi 30 800 km²

La plus grande île
Madagascar 587 000 km²
(5ème plus grande île du monde)

L'Afrique est en grande partie formée de vastes plateaux et de dépressions qui orientent le réseau hydrographique.

A l'est, on trouve le relief le plus vigoureux. Le grand rift africain est formé de deux grandes failles qui s'étirent sur 7000 km , du lac Malawi à la mer Rouge. Elles sont parsemées de massifs volcaniques (Pic Marguerite, Mont Kilimandjaro…) et entourent le lac Victoria.

Au nord, le relief est caractérisé par quelques massifs volcaniques (Hoggar, Tibesti…) entourés de cuvettes, dans lesquelles s'est déposé le sable qui forme l'immense désert du Sahara.

L'Atlas est le résultat du plissement de roches sédimentaires, provoqué par le rapprochement de l'Afrique et de l'Europe.

Au sud, le relief est plus doux. C'est le socle ancien du continent qui a fait place à de grandes dépressions : bassin du Congo, Kalahari.

Madagascar, grande île séparée du continent par le canal du Mozambique, est formée de hauts plateaux jalonnés de massifs volcaniques.

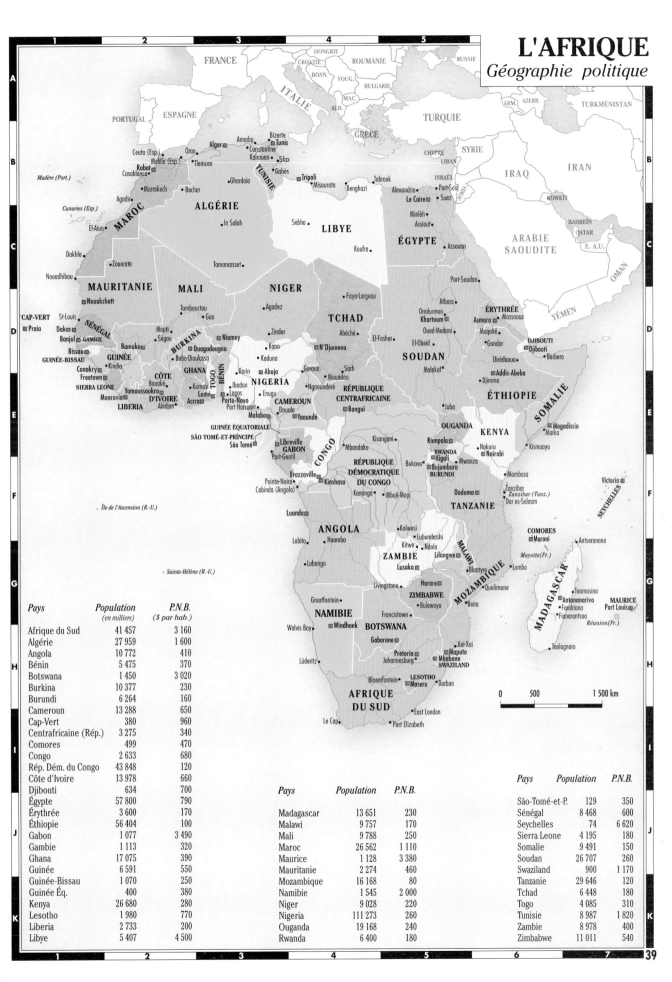

L'AFRIQUE
Géographie politique

Pays	Population (en milliers)	P.N.B. ($ par hab.)
Afrique du Sud	41 457	3 160
Algérie	27 959	1 600
Angola	10 772	410
Bénin	5 475	370
Botswana	1 450	3 020
Burkina	10 377	230
Burundi	6 264	160
Cameroun	13 288	650
Cap-Vert	380	960
Centrafricaine (Rép.)	3 275	340
Comores	499	470
Congo	2 633	680
Rép. Dém. du Congo	43 848	120
Côte d'Ivoire	13 978	660
Djibouti	634	700
Égypte	57 800	790
Érythrée	3 600	170
Éthiopie	56 404	100
Gabon	1 077	3 490
Gambie	1 113	320
Ghana	17 075	390
Guinée	6 591	550
Guinée-Bissau	1 070	250
Guinée Éq.	400	380
Kenya	26 680	280
Lesotho	1 980	770
Liberia	2 733	200
Libye	5 407	4 500

Pays	Population	P.N.B.
Madagascar	13 651	230
Malawi	9 757	170
Mali	9 788	250
Maroc	26 562	1 110
Maurice	1 128	3 380
Mauritanie	2 274	460
Mozambique	16 168	80
Namibie	1 545	2 000
Niger	9 028	220
Nigeria	111 273	260
Ouganda	19 168	240
Rwanda	6 400	180

Pays	Population	P.N.B.
São-Tomé-et-P.	129	350
Sénégal	8 468	600
Seychelles	74	6 620
Sierra Leone	4 195	180
Somalie	9 491	150
Soudan	26 707	260
Swaziland	900	1 170
Tanzanie	29 646	120
Tchad	6 448	180
Togo	4 085	310
Tunisie	8 987	1 820
Zambie	8 978	400
Zimbabwe	11 011	540

L'AFRIQUE

L'Afrique est encore un continent rural, l'habitat y est dispersé et la faible productivité de l'agriculture incite la population à émigrer vers les villes. L'exode rural est très fort et l'urbanisation en plein essor. L'Afrique est une mosaïque ethnique, on y recense plus de 2 000 langues. L'importance des cultures traditionnelles aboutit parfois à de graves conflits ethniques qui rappellent que ce continent n'a pas encore trouvé une stabilité politique.

Le rythme de l'évolution économique varie d'un pays à l'autre, mais elle reste basée sur l'agriculture ou l'exploitation de ressources naturelles. L'industrie se développe principalement en Afrique du Sud. Même si on constate une amélioration dans les domaines de l'éducation, de la santé, ainsi qu'une hausse de l'espérance de vie, le continent demeure en retard par rapport au reste du monde, notamment pour la satisfaction des besoins alimentaires. C'est en Afrique que se trouvent 18 des 20 pays les plus pauvres du monde.

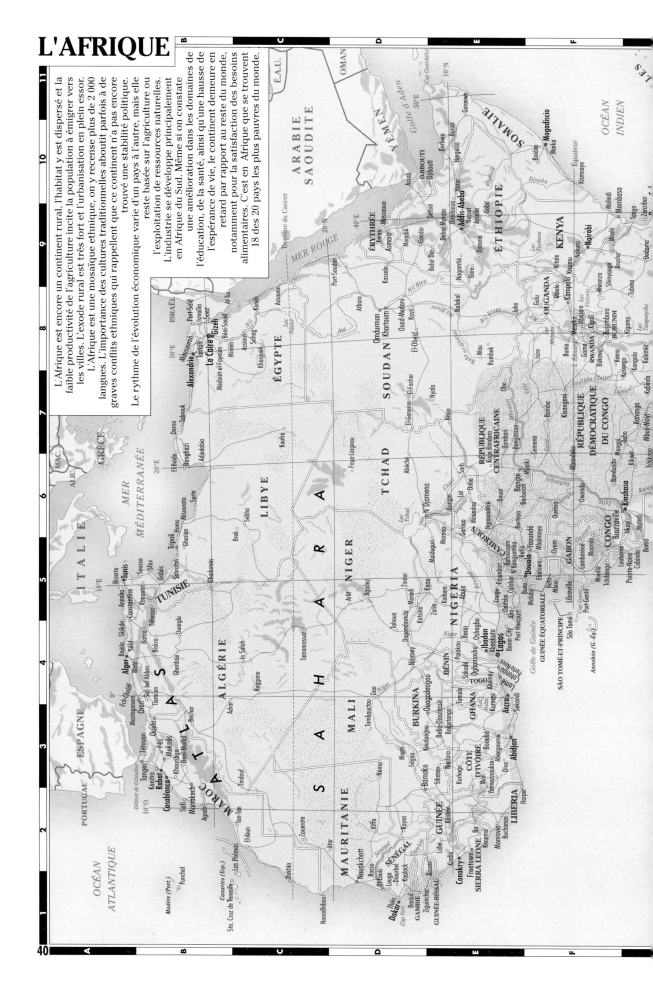

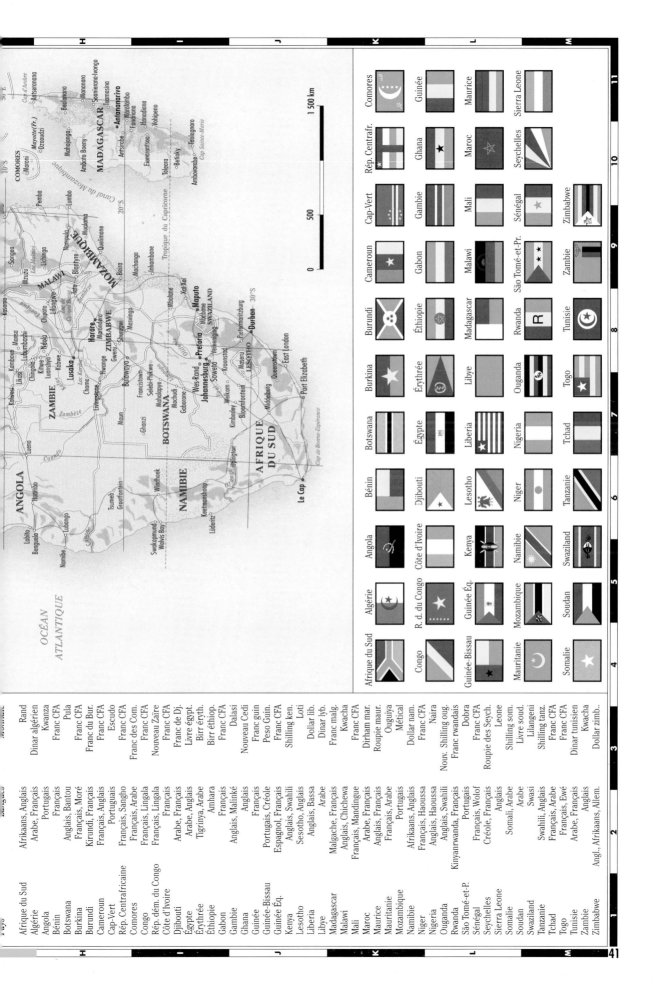

Pays	Langues	Monnaie
Afrique du Sud	Afrikaans, Anglais	Rand
Algérie	Arabe, Français	Dinar algérien
Angola	Portugais	Kwanza
Bénin	Français	Franc CFA
Botswana	Anglais, Bantou	Pula
Burkina	Français, Moré	Franc CFA
Burundi	Kirundi, Français	Franc du Bur.
Cameroun	Français, Anglais	Franc CFA
Cap-Vert	Portugais	Escudo
Rép. Centrafricaine	Français, Sangho	Franc CFA
Comores	Français, Arabe	Franc des Com.
Congo	Français, Lingala	Franc CFA
Rép. dém. du Congo	Français, Lingala	Nouveau Zaïre
Côte d'Ivoire	Français	Franc CFA
Djibouti	Arabe, Français	Franc de Dj.
Égypte	Arabe, Anglais	Livre égypt.
Érythrée	Tigrinya, Arabe	Birr éryth.
Éthiopie	Amhara	Birr éthiop.
Gabon	Français	Franc CFA
Gambie	Anglais, Malinké	Dalasi
Ghana	Anglais	Nouveau Cedi
Guinée	Français	Franc guin.
Guinée-Bissau	Portugais, Créole	Peso Guin.
Guinée Éq.	Espagnol, Français	Franc CFA
Kenya	Anglais, Swahili	Shilling ken.
Lesotho	Sesotho, Anglais	Loti
Liberia	Anglais, Bassa	Dollar lib.
Libye	Arabe	Dinar lyb.
Madagascar	Malgache, Français	Franc malg.
Malawi	Anglais, Chichewa	Kwacha
Mali	Français, Mandingue	Franc CFA
Maroc	Arabe, Français	Dirham mar.
Maurice	Anglais, Français	Roupie maur.
Mauritanie	Français, Arabe	Ouguiya
Mozambique	Portugais	Métical
Namibie	Afrikaans, Anglais	Dollar nam.
Niger	Français, Haoussa	Franc CFA
Nigeria	Anglais, Haoussa	Naira
Ouganda	Anglais, Swahili	Nouv. Shilling oug.
Rwanda	Kinyanrwanda, Français	Franc rwandais
São Tomé-et-P.	Portugais	Dobra
Sénégal	Français, Wolof	Franc CFA
Seychelles	Créole, Français	Roupie des Seych.
Sierra Leone	Anglais	Leone
Somalie	Somali, Arabe	Shilling som.
Soudan	Arabe	Livre soud.
Swaziland	Swasi	Lilangeni
Tanzanie	Swahili, Anglais	Shilling tanz.
Tchad	Français, Arabe	Franc CFA
Togo	Français, Ewé	Franc CFA
Tunisie	Arabe, Français	Dinar tunisien
Zambie	Anglais	Kwacha
Zimbabwe	Angl., Afrikaans, Allem.	Dollar zimb.

Drapeaux : Afrique du Sud, Algérie, Angola, Bénin, Botswana, Burkina, Burundi, Cameroun, Cap-Vert, Rép. Centrafr., Comores, Congo, R. d. du Congo, Côte d'Ivoire, Djibouti, Égypte, Érythrée, Éthiopie, Gabon, Gambie, Ghana, Guinée, Guinée-Bissau, Guinée Éq., Kenya, Lesotho, Liberia, Libye, Madagascar, Malawi, Mali, Maroc, Maurice, Mauritanie, Mozambique, Namibie, Niger, Nigeria, Ouganda, Rwanda, São Tomé-et-Pr., Sénégal, Seychelles, Sierra Leone, Somalie, Soudan, Swaziland, Tanzanie, Tchad, Togo, Tunisie, Zambie, Zimbabwe

OCÉAN ATLANTIQUE

0   500   1 500 km

L'AFRIQUE
Organisation du territoire

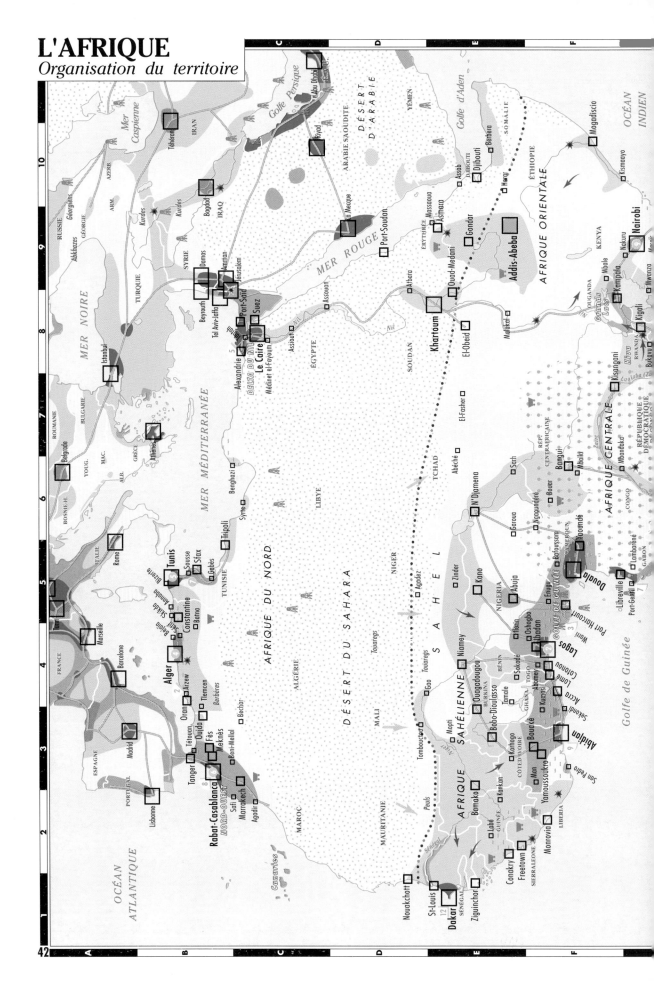

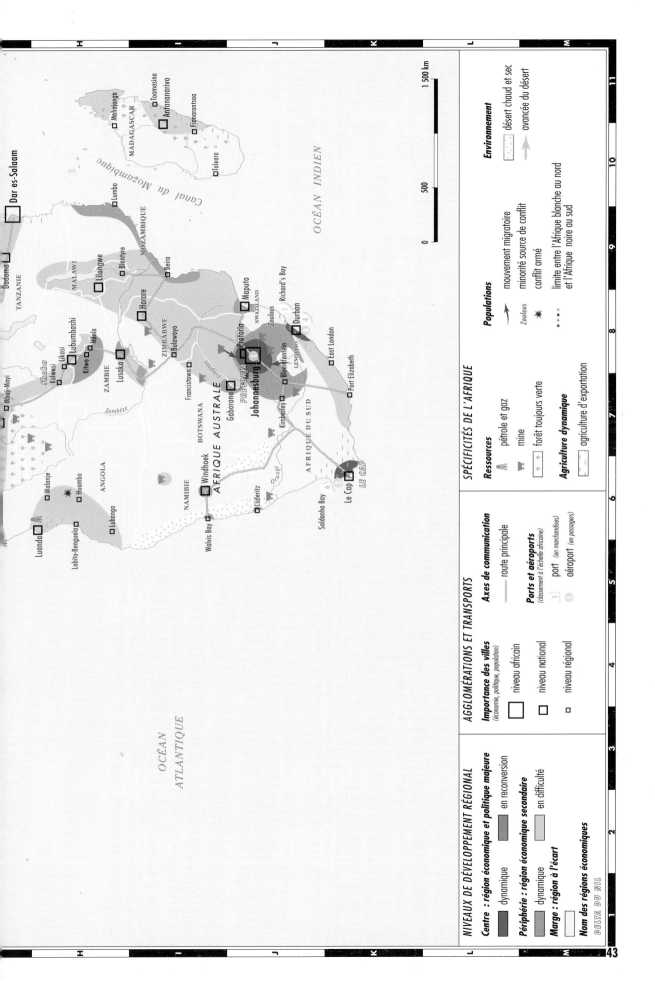

NIVEAUX DE DÉVELOPPEMENT RÉGIONAL

Centre : région économique et politique majeure
- dynamique
- en reconversion

Périphérie : région économique secondaire
- dynamique
- en difficulté

Marge : région à l'écart

Nom des régions économiques
DELTA DU NIL

AGGLOMÉRATIONS ET TRANSPORTS

Importance des villes
(économie, politique, population)
- niveau africain
- niveau national
- niveau régional

Axes de communication
- route principale

Ports et aéroports
(classement à l'échelle africaine)
- 1 port *(en marchandises)*
- aéroport *(en passagers)*

SPÉCIFICITÉS DE L'AFRIQUE

Ressources
- pétrole et gaz
- mine
- forêt toujours verte

Agriculture dynamique
- agriculture d'exportation

Populations
- mouvement migratoire
- *Zoulous* minorité source de conflit
- conflit armé
- limite entre l'Afrique blanche au nord et l'Afrique noire au sud

Environnement
- désert chaud et sec
- avancée du désert

0   500   1 500 km

LE PROCHE-ORIENT

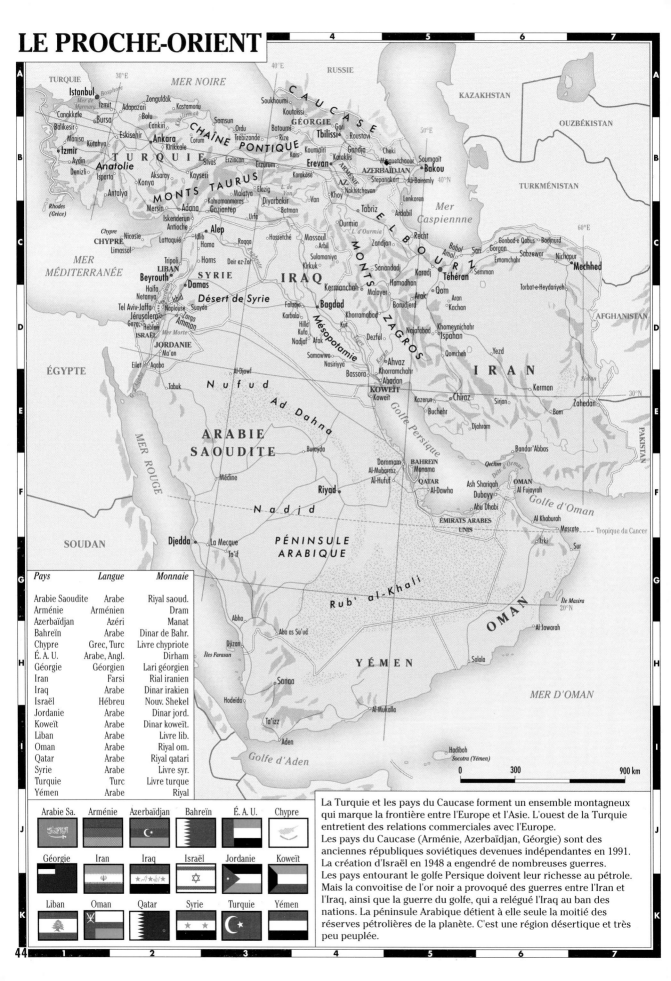

Pays	Langue	Monnaie
Arabie Saoudite	Arabe	Riyal saoud.
Arménie	Arménien	Dram
Azerbaïdjan	Azéri	Manat
Bahreïn	Arabe	Dinar de Bahr.
Chypre	Grec, Turc	Livre chypriote
É. A. U.	Arabe, Angl.	Dirham
Géorgie	Géorgien	Lari géorgien
Iran	Farsi	Rial iranien
Iraq	Arabe	Dinar irakien
Israël	Hébreu	Nouv. Shekel
Jordanie	Arabe	Dinar jord.
Koweït	Arabe	Dinar koweït.
Liban	Arabe	Livre lib.
Oman	Arabe	Riyal om.
Qatar	Arabe	Riyal qatari
Syrie	Arabe	Livre syr.
Turquie	Turc	Livre turque
Yémen	Arabe	Riyal

La Turquie et les pays du Caucase forment un ensemble montagneux qui marque la frontière entre l'Europe et l'Asie. L'ouest de la Turquie entretient des relations commerciales avec l'Europe.
Les pays du Caucase (Arménie, Azerbaïdjan, Géorgie) sont des anciennes républiques soviétiques devenues indépendantes en 1991. La création d'Israël en 1948 a engendré de nombreuses guerres.
Les pays entourant le golfe Persique doivent leur richesse au pétrole. Mais la convoitise de l'or noir a provoqué des guerres entre l'Iran et l'Iraq, ainsi que la guerre du golfe, qui a relégué l'Iraq au ban des nations. La péninsule Arabique détient à elle seule la moitié des réserves pétrolières de la planète. C'est une région désertique et très peu peuplée.

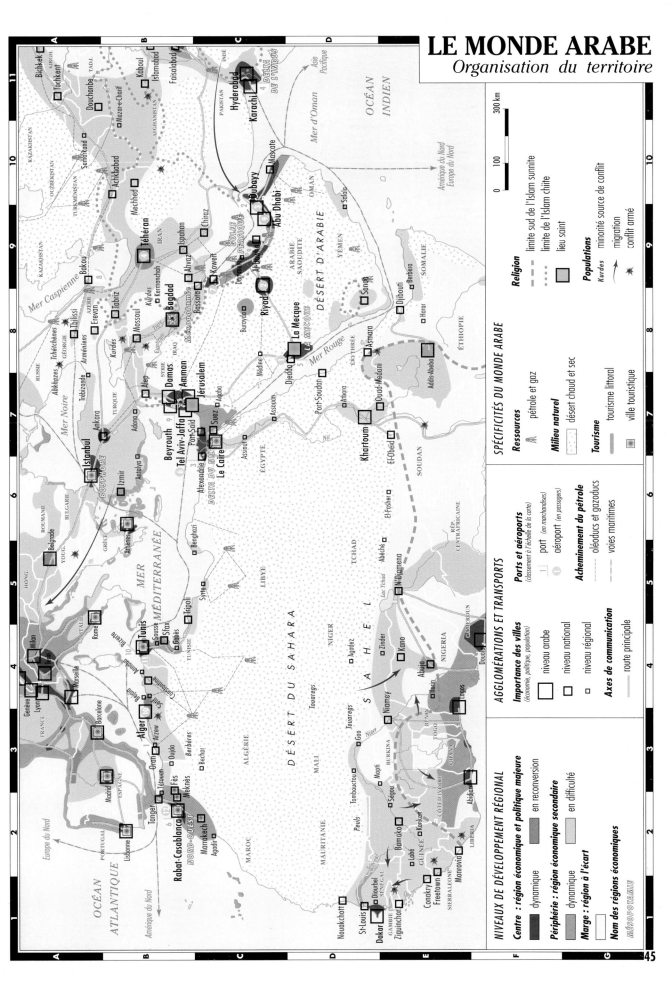

LE MONDE ARABE
Organisation du territoire

SPÉCIFICITÉS DU MONDE ARABE

Ressources
- ⛽ pétrole et gaz

Milieu naturel
- désert chaud et sec

Tourisme
- tourisme littoral
- ✳ ville touristique

Religion
- limite sud de l'Islam sunnite
- limite de l'Islam chiite
- lieu saint

Populations
- *Kurdes* minorité source de conflit
- migration
- ✳ conflit armé

AGGLOMÉRATIONS ET TRANSPORTS

Importance des villes
(économie, politique, population)
- ☐ niveau arabe
- ☐ niveau national
- ▫ niveau régional

Axes de communication
- route principale

Ports et aéroports
(classement à l'échelle de la carte)
- port *(en marchandises)*
- aéroport *(en passagers)*

Acheminement du pétrole
- oléoducs et gazoducs
- voies maritimes

NIVEAUX DE DÉVELOPPEMENT RÉGIONAL

Centre : région économique et politique majeure
- dynamique
- en reconversion

Périphérie : région économique secondaire
- dynamique
- en difficulté

Marge : région à l'écart

Nom des régions économiques

MÉSOPOTAMIE

45

L'ASIE
Géographie physique

L'Asie est le plus grand des continents. Au nord, il est caractérisé par un relief mou qui repose sur le vieux bouclier eurasien. Le sud présente un relief jeune et vigoureux, issu de la remontée vers le nord de la plaque tectonique indo-australienne. La structure du continent permet de distinguer plusieurs zones.

À l'ouest, la péninsule Arabique s'est détachée du continent africain en formant la mer rouge d'un côté et les monts Zagros de l'autre.

Au nord, chaînes érodées, plaines et plateaux se succèdent. La grande plaine de Sibérie occidentale est occupée par des marais causés par l'alternance du gel et du dégel.

La partie centrale de l'Asie commence à l'ouest par les steppes kazakhes. Formées de collines et de plateau désertiques, elles entourent la mer d'Aral qui s'assèche peu à peu. Les plateaux d'Asie centrale qui s'étendent au nord de l'Himalaya culminent à 5000 mètres et continuent à se soulever sous la pression de la plaque indo-australienne.

Au sud, la collision des plaques tectoniques a formé la plus haute chaîne de montagne de la Terre : l'Himalaya. Les grands fleuves, Gange, Indus, Irrawaddy, Mékong, transportent les résidus de l'érosion qui s'accumulent dans les plaines côtièrent et forment de grands deltas.

Au sud-est et au nord-est de l'Asie, le continent se termine par un archipel d'îles volcaniques disposées en arc de cercle. De la péninsule malaise aux îles de la Sonde, et du Kamtchatka aux îles Ryukyu.

Au sud-est, la Nouvelle-Guinée sépare l'Asie de l'Océanie à l'est du méridien 140°E.

Superficie : 44 360 000 km²
Les plus hauts sommets
Everest (Chine, Népal) 8 846 m.
K2 (Pakistan, Chine) 8 611 m.
Kangchenjunga (Inde, Népal) 8 598 m.
(les trois sommets les plus hauts du monde)
Les plus grands fleuves
Yangzi Jiang 5 980 km²
Huang He 4 845 km²
Amour 4 440 km²
Le plus grand lac
Mer Caspienne 360 000 km²
(le plus grand lac du monde)
Les plus grandes îles
Nouvelle-Guinée 785 000 km²
(la troisième plus grande île du monde)
Bornéo 750 000 km²

Légende
Désert
Marais
5000 mètres
1500
500
200
0
-200
-2000
-6000

3 000 km

L'ASIE
Géographie politique

Pays	Population (en milliers)	P.N.B. ($ par hab.)
Afghanistan	23 481	450
Arabie Saoudite	18 979	7 040
Arménie	3 760	730
Azerbaïdjan	7 510	480
Bangladesh	119 768	240
Bahrein	577	7 840
Bhoutan	695	420
Brunei	285	14 500
Cambodge	10 024	270
Chine	1 200 241	620
Chypre	734	12 400
Corée du Nord	23 867	830
Corée du sud	44 851	9 700
É. A. U.	2 460	17 400
Géorgie	5 400	440
Inde	929 358	340
Indonésie	193 277	980
Iran	64 120	1 850
Iraq	20 097	795
Israël	5 521	15 920
Japon	125 213	39 640
Jordanie	4 212	1 510
Kazakhstan	16 606	1 330
Kirghizistan	4 515	700
Koweit	1 664	17 390
Laos	4 882	350
Liban	4 005	2 660
Malaisie	20 140	3 890
Maldives	253	990
Mongolie	2 461	310
Myanmar	45 106	800
Népal	21 456	200
Oman	2 196	4 820
Ouzbékistan	22 771	970
Pakistan	129 905	460
Philippines	68 595	1 050
Qatar	642	11 600
Russie	148 195	2 240
Singapour	2 987	26 730

Pays	Population (en milliers)	P.N.B. ($ par hab.)
Sri Lanka	18 114	1 120
Syrie	14 112	340
Tadjikistan	5 836	6 600
Taïwan	21 500	2 740
Thaïlande	58 242	920
Tukménistan	4 508	2 780
Turquie	61 058	240
Viêt Nam	73 475	260
Yémen	15 272	700

47

L'ASIE MÉRIDIONALE

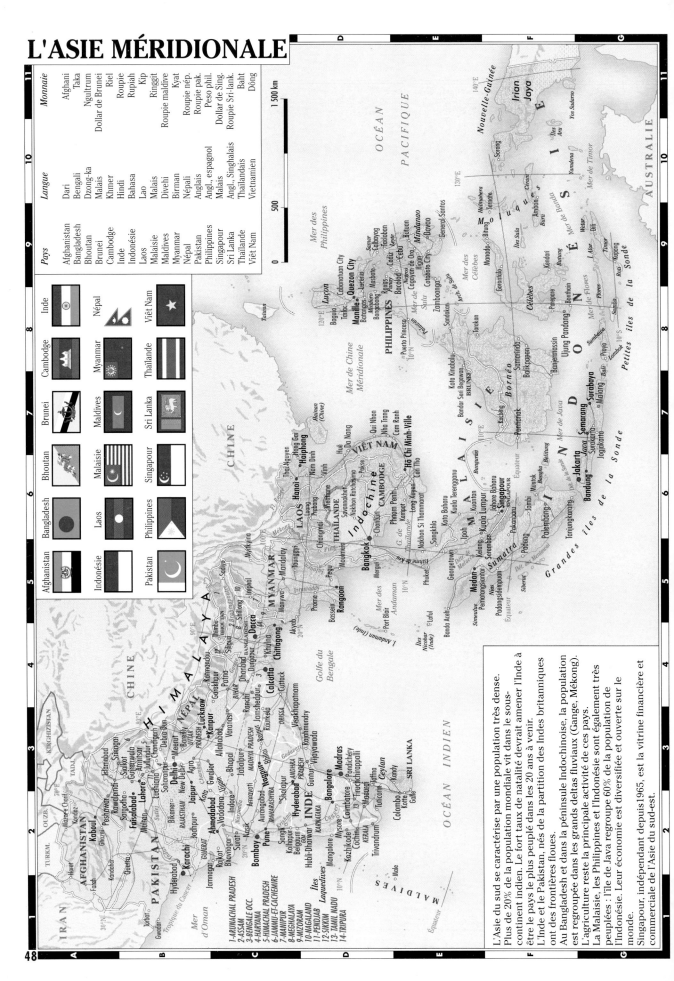

Pays	Langue	Monnaie
Afghanistan	Dari	Afghani
Bangladesh	Bengali	Taka
Bhoutan	Dzong-ka	Ngultrum
Brunei	Malais	Dollar de Brunei
Cambodge	Khmer	Riel
Inde	Hindi	Roupie
Indonésie	Bahasa	Rupiah
Laos	Lao	Kip
Malaisie	Malais	Ringgit
Maldives	Divehi	Roupie maldive
Myanmar	Birman	Kyat
Népal	Népali	Roupie nép.
Pakistan	Anglais	Roupie pak.
Philippines	Angl., espagnol	Peso phil.
Singapour	Malais	Dollar de Sing.
Sri Lanka	Angl., Singhalais	Roupie Sri-lank.
Thaïlande	Thaïlandais	Baht
Viêt Nam	Vietnamien	Dông

Afghanistan — Bangladesh — Bhoutan — Brunei — Cambodge — Inde — Népal

Indonésie — Laos — Malaisie — Maldives — Myanmar — Thaïlande — Viêt Nam

Pakistan — Philippines — Singapour — Sri Lanka

1-ARUNACHAL PRADESH
2-ASSAM
3-BENGALE OCC.
4-HARYANA
5-HIMACHAL PRADESH
6-JAMMU-ET-CACHEMIRE
7-MANIPUR
8-MEGHALAYA
9-MIZORAM
10-NAGALAND
11-PENDJAB
12-SIKKIM
13-TAMIL NADU
14-TRIPURA

L'Asie du sud se caractérise par une population très dense. Plus de 20% de la population mondiale vit dans le sous-continent indien. Le fort taux de natalité devrait amener l'Inde à être le pays le plus peuplé dans les 20 ans à venir.

L'Inde et le Pakistan, nés de la partition des Indes britanniques ont des frontières floues.

Au Bangladesh et dans la péninsule Indochinoise, la population est regroupée dans les grands deltas fluviaux (Gange, Mékong). L'agriculture reste la principale activité de ces pays.

La Malaisie, les Philippines et l'Indonésie sont également très peuplées : l'île de Java regroupe 60% de la population de l'Indonésie. Leur économie est diversifiée et ouverte sur le monde.

Singapour, indépendant depuis 1965, est la vitrine financière et commerciale de l'Asie du sud-est.

LE SOUS-CONTINENT INDIEN
Organisation du territoire

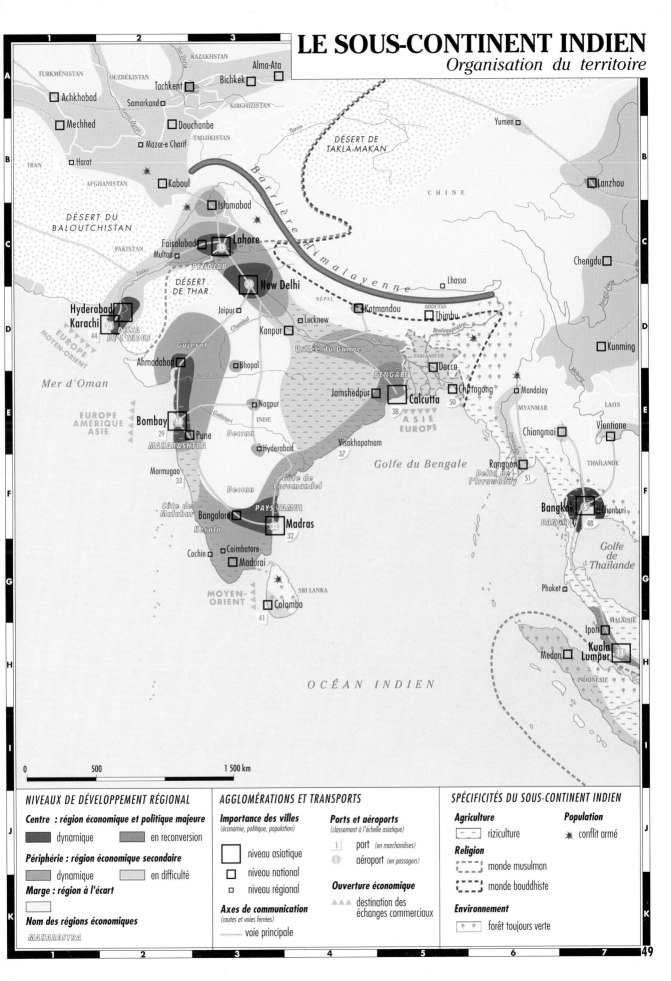

NIVEAUX DE DÉVELOPPEMENT RÉGIONAL

Centre : région économique et politique majeure

- dynamique
- en reconversion

Périphérie : région économique secondaire

- dynamique
- en difficulté

Marge : région à l'écart

Nom des régions économiques

MAHARASTRA

AGGLOMÉRATIONS ET TRANSPORTS

Importance des villes
(économie, politique, population)

- niveau asiatique
- niveau national
- niveau régional

Axes de communication
(routes et voies ferrées)

- voie principale

Ports et aéroports
(classement à l'échelle asiatique)

- 1 port *(en marchandises)*
- ℹ aéroport *(en passagers)*

Ouverture économique

- ▲▲▲ destination des échanges commerciaux

SPÉCIFICITÉS DU SOUS-CONTINENT INDIEN

Agriculture

- riziculture

Religion

- monde musulman
- monde bouddhiste

Environnement

- forêt toujours verte

Population

- ✳ conflit armé

49

L'ASIE CENTRALE ET ORIENTALE

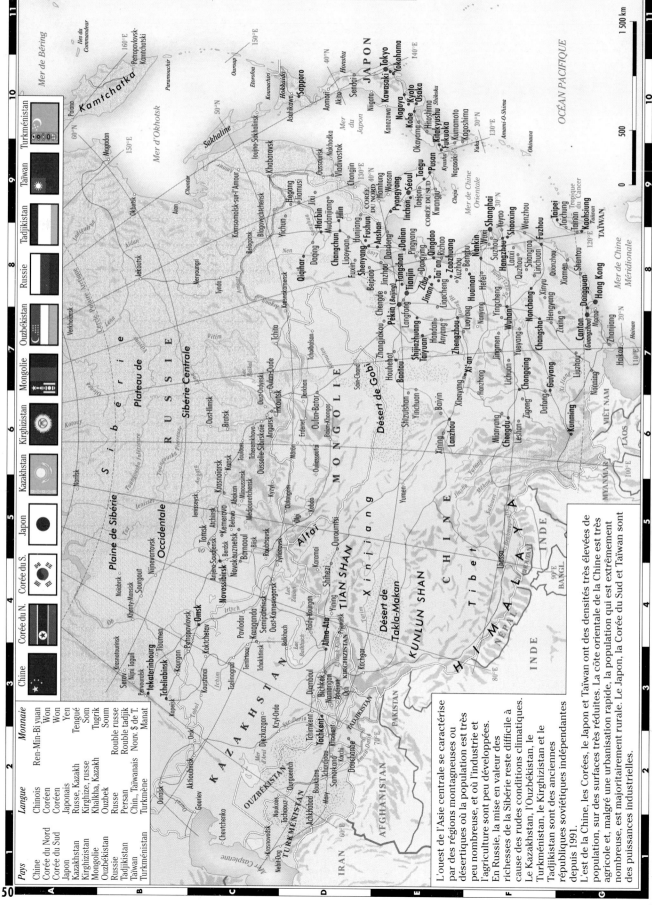

Pays	Langue	Monnaie
Chine	Chinois	Ren-Min-Bi yuan
Corée du Nord	Coréen	Won
Corée du Sud	Coréen	Won
Japon	Japonais	Yen
Kazakhstan	Russe, Kazakh	Tengué
Kirghizistan	Kirghize, russe	Som
Mongolie	Khalkha, Kazakh	Tugrik
Ouzbékistan	Ouzbek	Soum
Russie	Russe	Rouble russe
Tadjikistan	Persan	Rouble tadjik
Taïwan	Chin., Taïwanais	Nouv. $ de T.
Turkménistan	Turkmène	Manat

L'ouest de l'Asie centrale se caractérise par des régions montagneuses ou désertiques où la population est très peu nombreuse, et où l'industrie et l'agriculture sont peu développées. En Russie, la mise en valeur des richesses de la Sibérie reste difficile à cause des rudes conditions climatiques. Le Kazakhstan, l'Ouzbékistan, le Turkménistan, le Kirghizistan et le Tadjikistan sont des anciennes républiques soviétiques indépendantes depuis 1991.

L'est de la Chine, les Corées, le Japon et Taïwan ont des densités très élevées de population, sur des surfaces très réduites. La côte orientale de la Chine est très agricole et, malgré une urbanisation rapide, la population qui est extrêmement nombreuse, est majoritairement rurale. Le Japon, la Corée du Sud et Taïwan sont des puissances industrielles.

50

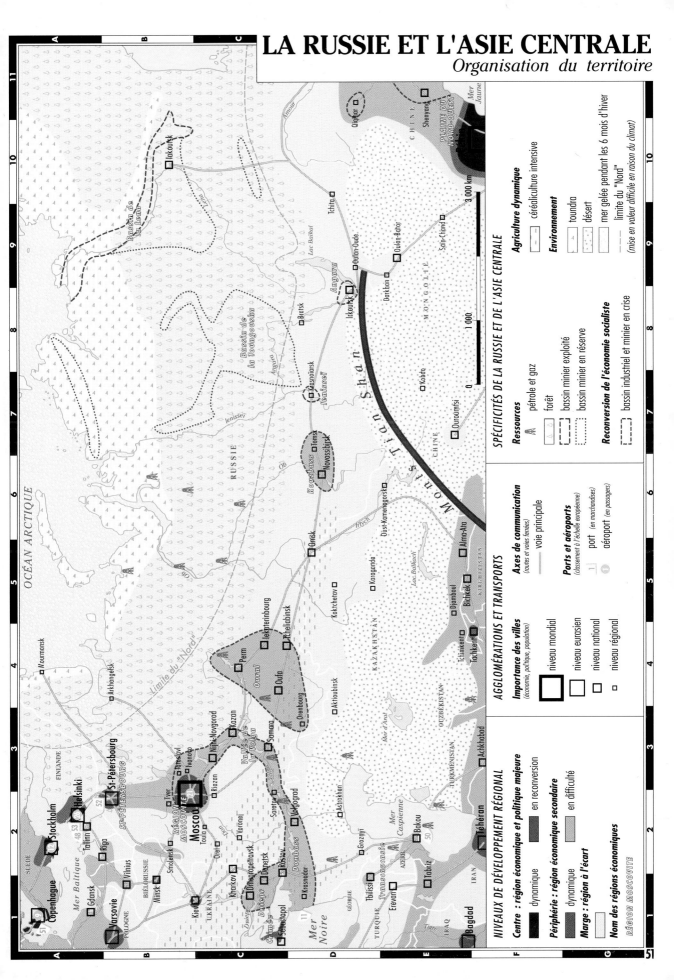

LA RUSSIE ET L'ASIE CENTRALE
Organisation du territoire

LA FAÇADE PACIFIQUE DE L'ASIE ET L'OCÉANIE

Organisation du territoire

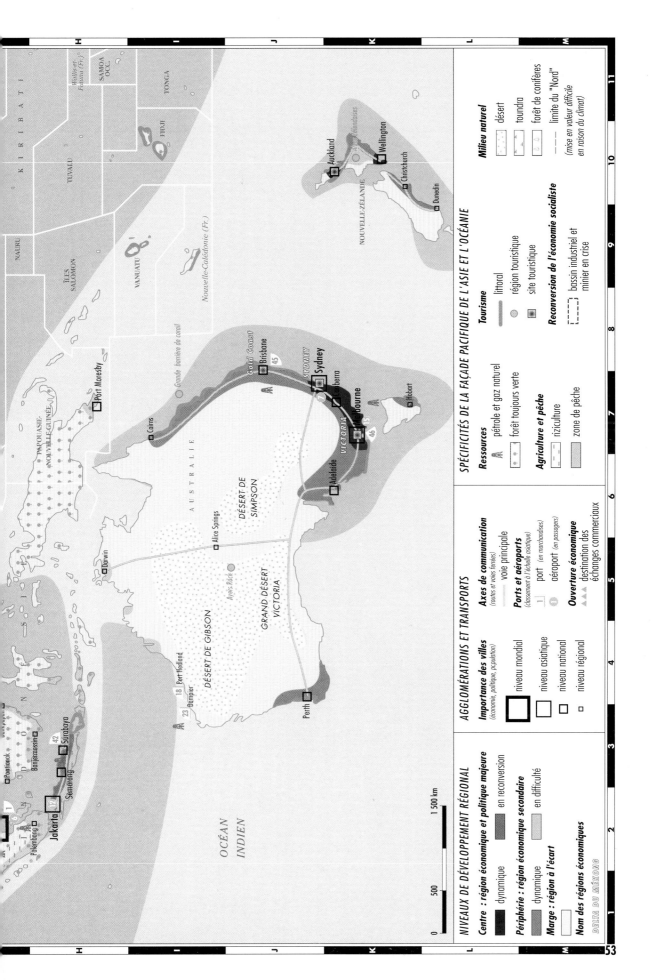

L'OCÉANIE

Pays	Langue	Monnaie
Australie	Anglais	$ australien
Fidji	Anglais	$ fidjien
Kiribati	Angl., Gilbertain	$ australien
Marshall	Angl., Marshallais	$ des États-Unis
Micronésie	Anglais	$ des États-Unis
Nauru	Angl., Nauruan	$ australien
Nouvelle-Zélande	Anglais	$ néo-zélandais
Palau	Angl., Palauan	$ des États-Unis
Papouasie-N.-G.	Néo-mélanésien	Kina
Salomon	Anglais	$ des Salomon
Samoa Occ.	Samoan, Angl.	Tala
Tonga	Angl., Tongan	Paanga
Tuvalu	Angl., Tuvaluan	$ australien
Vanuatu	Bichlamar, Ang., Franç.	Vatu

Pays	Population (en milliers)	P.N.B. ($ par hab.)
Australie	18 054	18 720
Fidji	775	2 440
Kiribati	79	920
Marshall	56	1 875
Micronésie	107	1 890
Nauru	11	12 000
Nouvelle-Zélande	3 601	14 340
Palau	20	5 000
Papouasie-N.-G.	4 302	1 160
Salomon	375	910
Samoa Occ.	165	1 120
Tonga	104	1 630
Tuvalu	10	1 500
Vanuatu	169	1 200

Superficie : 8 508 238 km²
Le plus haut sommet
Mont Wilhelm (Papouasie-N.-G.) 4 509 m.
La plus grande île
Australie 7 682 300 km²
(la plus grande île du monde)

L'Océanie est une des cinq partie du monde, non continentale, mais océanique. Elle est formée de plus de 10 000 îles qui s'étendent dans l'océan Pacifique sud, réparties en trois archipels principaux : la Mélanésie, la Micronésie et la Polynésie. Ces archipels sont des groupements d'îles volcaniques ou de récifs coralliens. L'Australie représente 85 % des terres de l'Océanie. C'est un île basse et aride. La population australienne, qui représente deux tiers de la population océanienne, se concentre sur la côte sud-est de l'île. L'Australie reste un des pays les moins peuplés du monde. En comparaison, la Nouvelle-Zélande, la Papouasie et les autres îles ont une densité élevée, bien que certaines îles soient inhabitées.

L'émigration est une tradition ancienne, justifiée par l'accroissement de la population dans les petites îles. L'Océanie se caractérise par l'isolement entre ses nations insulaires, dont plusieurs comptent parmi les plus petites et les moins peuplées du monde.

L'Australie exporte ses richesses minières, mais surtout la laine, issue de son important troupeau ovin. La Nouvelle-Zélande a une économie fondée sur l'élevage, mais souffre de son isolement, et de l'étroitesse du marché intérieur. Le reste de l'Océanie vit de la pêche, du cocotier et du tourisme.

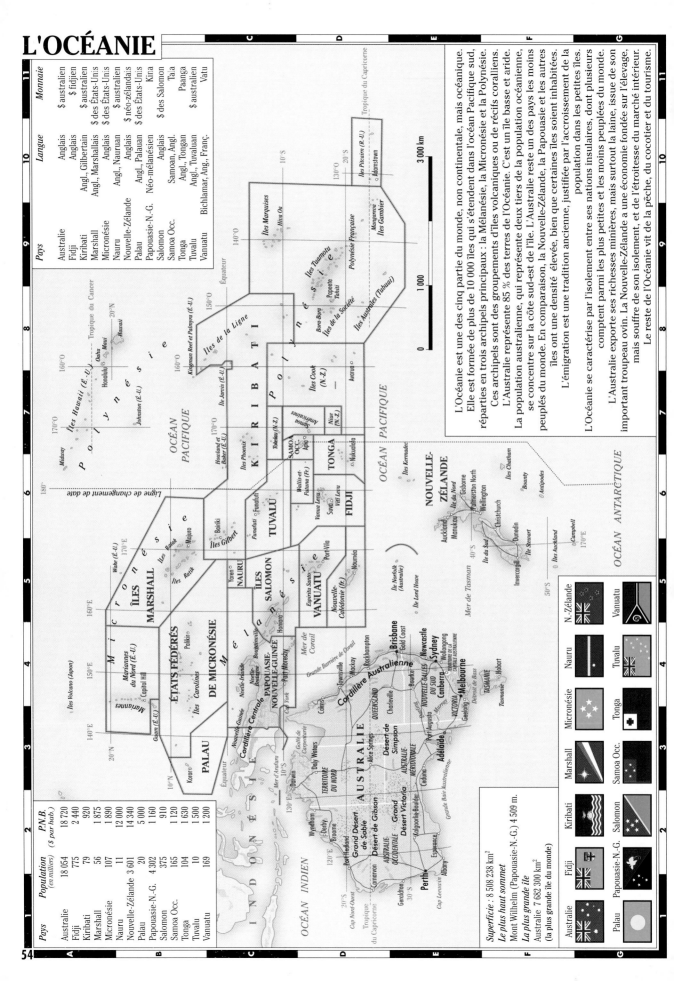

LES PÔLES

LE PÔLE SUD

Le pôle sud est occupé par le continent Antarctique. Il est presque totalement recouvert d'une calotte glaciaire. Elle atteint par endroit 4800 m de haut et fait de l'Antarctique le continent le plus élevé de la planète. Autour du continent, trois océans se rencontrent : l'océan Atlantique, l'océan Indien et l'océan Pacifique. Au contact du froid, la mer gèle autour de l'Antarctique et forme une banquise permanente. Elle se désagrège en icebergs qui dérivent et fondent au contact des eaux plus chaudes du nord. Depuis le début du XIXe ème siècle, l'Antarctique a attiré les explorateurs à la recherche des richesses et d'exploits. Mais le climat trop froid a rendu toute tentative de colonisation impossible. Aujourd'hui, le continent est inhabité, exception faite des quelques chercheurs appartenant à des missions scientifiques internationales. Depuis 1961, l'Antarctique est protégé par un traité de coopération politique et scientifique internationale.

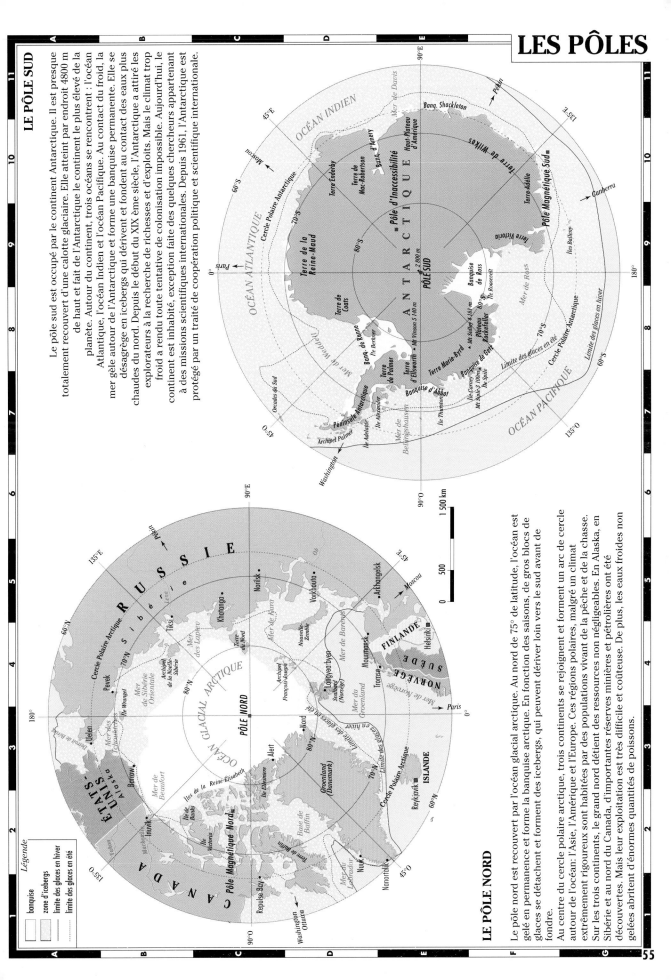

Légende

- banquise
- zone d'icebergs
- limite des glaces en hiver
- limite des glaces en été

LE PÔLE NORD

Le pôle nord est recouvert par l'océan glacial arctique. Au nord de 75° de latitude, l'océan est gelé en permanence et forme la banquise arctique. En fonction des saisons, de gros blocs de glaces se détachent et forment des icebergs, qui peuvent dériver loin vers le sud avant de fondre.

Au centre du cercle polaire arctique, trois continents se rejoignent et forment un arc de cercle autour de l'océan : l'Asie, l'Amérique et l'Europe. Ces régions polaires, malgré un climat extrêmement rigoureux sont habitées par des populations vivant de la pêche et de la chasse. Sur les trois continents, le grand nord détient des ressources minières et pétrolières non négligeables. En Alaska, en Sibérie et au nord du Canada, d'importantes réserves minières et pétrolières ont été découvertes. Mais leur exploitation est très difficile et coûteuse. De plus, les eaux froides non gelées abritent d'énormes quantités de poissons.

A

Aalen 29 I 3
Aar, Riv. 29 J 2
Aba 40-41 E 5
Aba as Su'ud 44 H 3
Abadan 44 E 4
Abaetetuba 16 C 5
Abakan 50 C 5
Abbeville 24-25 D 6
Abéché 40-41 D 7
Abengourou 40-41 E 3
Åbenrå 29 C 3
Abeokuta 40-41 E 4
Aberdeen 28 D 5
Aberystwyth 28 H 4
Abha 44 H 3
Abidjan 40-41 E 4
Abomey 40-41 E 4
Abrantes 34 D 4
Abu Dhabi 44 F 5
Abuja 40-41 E 5
Acapulco 14 H 2
Accra 40-41 E 4
Achill, Ile 28 G 1
Achim 29 E 3
Achkhabad 50 D 1
Acireale 35 I 5
Açores, Archipel des 34 F 9-10
Acre, État 16 D 2
Adamstown 54 D 10
Adana 44 C 2
Adapazari 44 A 2
Addis-Abeba 40-41 E 9
Adelaide 54 E 3
Aden 44 I 3
Aden, Golfe d' 40-41 D 10-11
Adige, Fl. 35 C 3
Adjedabia 40-41 B 6
Adour, Fl. 24-25 K 4
Adrar 40-41 C 4
Adriatique, Mer 35 E 4
Aerø, Ile 29 C 4
Afak 44 D 4
Agadez 40-41 D 5
Agadir 40-41 B 2
Agde 24-25 K 8
Agen 24-25 J 5
Agios 36 D 4
Agra 48 B 3
Agrigente 35 I 4
Agrinion 36 D 8
Aguascalientes 14 H 2
Aguilas 34 E 7
Ahmadabad 48 C 2
Ahvaz 44 D 5
Aïan 50 B 9
Aigues-Mortes 24-25 K 8
Ain, Riv. 24-25 H 9
Aire-sur-l'Adour 24-25 K 4
Aisne, Fl. 24-25 E 8
Aix-en-Provence 24-25 K 9
Aix-la-Chapelle 29 G 1
Aix-les-Bains 24-25 I 10
Ajaccio 24-25 M 10
Akhtoubinsk 30-31 I 11
Akita 50 D 10
Aksaray 44 B 2
Aktioubinsk 50 C 2
Akureyri 30-31 A 2
Akyab 48 C 5
Alabama, État 14 G 4
Alagoas, État 16 D 6-7
Aland, Ile 30-31 E 6
Alatyr 30-31 F 10
Albacete 34 D 8
Albany (Australie) 54 E 2
Albany (É.-U.) 14 E 5
Albert 24-25 D 7
Alberta, État 14 C 2-3
Albertville 24-25 I 10
Albi 24-25 K 6
Ålborg 29 B 4
Ålborg, Baie d' 29 B 4
Albufeira 34 E 4
Albuquerque 14 F 2
Alcácer do Sal 34 D 4
Alcalá de Guadaíra 34 E 5
Alcalá de Henares 34 C 7
Alcamo 35 H 3
Alcañiz 34 C 9
Alcántara 34 D 5
Alcaraz 34 D 7
Alcázar de San Juan 34 D 7
Alcira 34 D 8
Alcoy 34 D 8
Alcudia 34 D 10
Aldan, Riv. 50 B 8
Aldershot 28 I 6
Al-Dawha 44 F 5
Al-Djawf 44 E 3
Aleksandrov 30-31 F 9
Alençon 24-25 F 5
Alep 44 D 2
Alès 24-25 J 8
Alesund 30-31 C 4
Alexandre, Arch. 14 B 1
Alexandrie (Égypte) 40-41 B 8
Alexandrie (Italie) 35 C 2
Alexandroúpolis 36 D 8
Alfaro 34 B 8
Al Fujayrah 44 F 6
Alger 40-41 A 4
Algésiras 34 F 5
Alghero 35 F 1
Al-Hufuf 44 F 5
Ali-Bairamly 44 B 5
Alicante 34 E 8
Alice Springs 54 D 3
Al Jawarah 44 H 6
Aljustrel 34 E 4
Al khaburah 44 F 6
Alkmaar 24-25 B 8
Allahabad 48 C 3
Allier, Fl. 24-25 H 7

Alma-Ata 50 D 3
Almada 34 D 4
Almadén 34 D 6
Almansa 34 D 8
Almelo 24-25 B 10
Almendralejo 34 D 5
Almere 24-25 B 9
Almería 34 F 7
Almetievsk 30-31 F 11
Almonte 34 E 5
Al-Muharraz 44 F 5
Al-Mukalla 44 I 4
Alnwick 28 E 5
Alor, Ile 48 G 9
Altamura 35 F 5
Alytus 30-31 G 7
Amami-O-Shima, Ile 50 F 9-10
Amapá 16 B 5
Amapá, État 16 B 5
Amarillo 14 F 3
Amazonas, État 16 C 3
Amazone, Fl. 16 C 3-4
Ambato 16 C 2
Ambato Boeny 40-41 H 10
Ambazac 24-25 I 6
Amberg 29 H 4
Ambert 24-25 I 8
Amboise 24-25 G 5
Ambon 48 F 10
Ambovombe 40-41 I 10
Ameland, Ile 24-25 A 9
Amélie-les-Bains 24-25 L 7
Amersfoort 24-25 B 9
Amiens 24-25 E 6
Amman 44 D 2
Amol 44 C 5
Amorgós, Ile 36 F 9
Amou-Daria, Riv. 50 D 2
Amour, Fl. 50 C 8-9
Amravati 48 C 3
Amritsar 48 B 3
Amsterdam 24-25 B 9
Amtkirch 24-25 G 11
Anáfi 36 F 9
Anápolis 16 E 5
Ancône 35 D 4
Andalousie, Comm. aut. 34 E 6
Andaman, Iles 48 D 4-5
Andaman, Mer des 48 D-E 5
Anderlecht 24-25 D 8
Andhra Pradesh 48 C-D 3
Andijan 50 D 3
Andorre-la-Vieille 34 B 9
Andria 35 F 5
Andros (Bahamas), Ile 14 G 4
Andros (Grèce), Ile 36 E 9
Andújar 34 E 6
Angara, Riv. 50 C 5-6
Angarsk 50 C 6
Angermanälven, Fl. 30-31 C 6
Angers 24-25 G 4
Anglesey, Ile d' 28 G 4
Anglet 24-25 K 3
Anglo-Normandes, Iles 28 K 5
Angol 16 H 3
Angoulême 24-25 I 5
Angra do Heroísmo 34 G 10
Anholt, Ile 29 B 4
Anjero-Soudjensk 50 C 5
Ankara 44 B 2
Annaba 40-41 A 5
Annecy 24-25 I 10
Annemasse 24-25 H 10
Annobón, Ile 40-41 F 4
Annonay 24-25 I 9
Ansbach 29 H 4
Anshan 50 E 8
Aomori 50 D 10
Aoste 35 B 1
Apatin 36 A 4
Apeldoorn 24-25 B 9
Apia 54 D 7
Aprilia 35 E 3
Apt 24-25 K 9
Aqaba 44 D 2
Aqaba, Golfe d' 44 E 2
Aracaju 16 D 7
Arad 30-31 J 6
Aragón, Comm. Aut. 34 C 8
Araguaína 16 D 5
Arak 44 D 5
Aral, Mer d' 50 C 2
Aran 28 F 2
Aranda de Duero 34 B 7
Arandelovac 36 B 5
Aranjuez 34 D 7
Arbil 44 C 4
Arbroath 28 D 5
Arc, Riv. 24-25 I 10
Arcachon 24-25 J 3
Arcachon, Bassin d' 24-25 J 3
Ardabil 44 C 5
Ardèche, Riv. 24-25 J 8
Arendal 30-31 E 4
Arequipa 16 E 2
Arezzo 35 D 3
Argelès-Gazost 24-25 L 4
Argelès-sur-Mer 24-25 L 7
Argentan 24-25 F 5
Argentat 24-25 I 6
Argenteuil 24-25 E 7

Argentino, Lac 16 J 3
Argenton-sur-Creuse 24-25 H 6
Argoun, Riv. 50 C 8
Århus 29 B 4
Arica 16 E 3
Ariège, Riv. 24-25 K 6
Aripuaná 16 D 4
Arizona, État 14 F 2
Arkansas, État 14 F 3
Arkansas, Fl. 14 F 3
Arkhangelsk 30-31 C 9
Arlanza, Riv. 34 B 7
Arles 24-25 K 9
Arlington 14 F 3
Arlit 40-41 D 5
Arlon 24-25 E 9
Armagh 28 F 3
Armavir 30-31 J 10
Armenia 16 B 2
Armenière 24-25 D 7
Arnedo 34 B 7
Arnhem 24-25 B 9
Arnstadt 29 G 4
Arpajon-sur-Cère 24-25 J 7
Arran, Ile d' 28 E 4
Arras 24-25 D 7
Arrecife 34 E 11
Arta 36 D 7
Aru, Iles 48 F 10
Aruba 16 A 3
Arunachal Pradesh, État 48 C 5
Arusha 40-41 F 9
Arzamas 30-31 F 10
Asahikawa 50 D 10
Aschaffenburg 29 H 3
Aschersleben 29 F 4
Ascoli Piceno 35 D 4
Ash Shariqah 44 F 6
Ashford 28 I 7
Asmara 40-41 D 9
Assab 40-41 D 10
Assam, État 48 C 4-5
Assella 40-41 E 9
Assen 24-25 A 11
Assiout 40-41 C 8
Assouan 40-41 C 8
Asti 35 C 1
Astipálaia, Ile 36 F 10
Astorga 34 B 5
Astrakhan 30-31 I 11
Atar 40-41 D 2
Atbara 40-41 D 8
Atchinsk 50 C 5
Athabasca, Lac 14 B 3
Athabasca, Riv. 14 C 2
Athènes 36 E 8
Athlone 28 G 2
Atlanta 14 F 4
Aubagne 24-25 K 9
Aube, Riv. 24-25 F 8
Aubenas 24-25 J 8
Aubusson 24-25 I 6
Auch 24-25 K 5
Auckland 54 E 4
Auckland, Iles 54 F 5
Aude, Fl. 24-25 K 7
Audierne 24-25 F 1
Augsbourg 29 I 4
Augusta (É.-U.) 14 E 6
Augusta (Italie) 35 I 5
Aurangabad 48 C 2
Auray 24-25 G 2
Aurignac 24-25 K 5
Aurillac 24-25 J 7
Auron 24-25 J 11
Austin 14 G 3
Australes, Iles 54 D 8
Australie-Mér., État 54 E 3
Australie-Occ., État 54 D-E 2
Auterive 24-25 K 6
Autun 24-25 H 8
Auxerre 24-25 G 8
Avallon 24-25 G 8
Avarua 54 D 8
Aveiro 34 C 4
Avellino 35 F 5
Avezzano 35 E 4
Aviemore 28 D 4
Avignon 24-25 K 9
Avila 34 C 6
Avilés 34 A 5
Avranches 24-25 F 4
Ax-les-Thermes 24-25 L 6
Axios, Fl. 36 D 7
Ayacucho 16 E 2
Aydin 44 B 1
Aylesbury 28 I 6
Ayr 28 E 4
Azay-le-Rideau 24-25 G 5
Azov, Mer de 30-31 J 9
Azuaga 34 E 5
Azul 16 H 4

B

Babol 44 C 5
Bacau 30-31 J 7
Baccarat 24-25 F 10
Backa Topola 36 A 5
Bacolod 48 E 9
Bad Ischl 29 J 5
Bad Oeynhausen 29 F 3
Badajoz 34 D 5
Badalona 34 C 10
Bade-Wurtemberg, État 29 I 2-3
Baden 29 I 7
Baden-Baden 29 I 2
Badgastein 29 J 5
Bafia 40-41 E 5

Bafoussam 40-41 E 5
Bagdad 44 D 4
Bagé-le-Châtel 24-25 H 9
Bagheria 35 H 4
Bagnères-de-Bigorre 24-25 K 5
Bagnères-de-Luchon 24-25 L 5
Bagnols-sur-Cèze 24-25 J 9
Baguio 48 D 8
Bahia, État 16 D 6
Bahía Blanca 16 H 4
Bahir Dar 40-41 D 9
Bahr-el-Ghazal, Fl. 40-41 E 8
Baia Mare 30-31 I 6
Baian-Khongor 50 D 6
Baidoa 40-41 E 9
Baie-Comeau 14 D 6
Baïkal, Lac 50 C 6-7
Baiona 34 B 4
Bairiki 54 C 6
Baise, Riv. 24-25 K 5
Baiyin 50 E 7
Baker Lake 14 B 4
Baker, Ile 54 C 6
Bakersfield 14 F 1
Bakou 44 B 5
Balachov 30-31 H 10
Balaguer 34 C 9
Balakhna 30-31 F 10
Balakovo 30-31 G 11
Balaton, Lac 30-31 I 5
Bâle 29 J 2
Baléares, Iles 34 D 9-10
Bali, Ile de 48 G 7-8
Balikesir 44 B 1
Balikpapan 48 F 8
Balingen 29 I 3
Balkhach 50 D 3
Balkhach, Lac 50 D 3-4
Ballantrae 28 E 4
Ballina 28 G 2
Ballymoney 28 F 3
Balti 30-31 I 7
Baltimore 14 F 5
Baltique, Mer 30-31 F 5-6
Bam 44 E 6
Bamako 40-41 E 3
Bambari 40-41 E 7
Bamberg 29 H 4
Banbridge 28 F 3
Banbury 28 I 6
Banda, Mer de 48 F 9-10
Banda Aceh 48 E 5
Bandar 'Abbas 44 E 6
Bandar Seri Begawan 48 E 8
Bandundu 40-41 F 6
Bandung 48 G 6
Banfora 40-41 E 3
Bangalore 48 D 2
Bangassou 40-41 E 7
Bangka, Ile 48 F 6
Bangkok 48 D 5
Bangor (Irlande du Nord) 28 F 3
Bangor (Pays de Galles) 28 H 4
Bangui 40-41 E 6
Banja Luka 36 B 3
Banjarmassin 48 F 7
Banjul 40-41 D 1
Bann, Fl. 28 F 3
Banská Bystrica 30-31 I 5
Bantry 28 I 1
Banyuls-sur-Mer 24-25 L 7
Baotou 50 E 7
Bar 35 C 1
Bar-le-Duc 24-25 F 9
Bar-sur-Aube 24-25 F 9
Bar-sur-Seine 24-25 F 8
Baracaldo 34 A 7
Baranavitchi 30-31 G 7
Barbastro 34 B 9
Barbezieux-St-Hilaire 24-25 I 4
Barcelone 34 C 10
Barcelonnette 24-25 J 10
Barcelos 16 C 3
Bareilly 48 B 3
Barents, Mer de 30-31 A 8-9
Bari 35 F 6
Barinas 16 A 3
Barletta 35 F 5
Barnaoul 50 C 4
Barnsley 28 G 6
Barquisimeto 16 A 3
Barra, Ile 28 D 3
Barranquilla 16 A 2
Barrow, Fl. 28 H 3
Bartica 16 B 4
Basingstoke 28 I 6
Bass, Détroit de 54 E 4
Bassano del Grappa 35 B 3
Basse-Saxe, État 29 E 3-4
Bassein 48 D 5
Bassora 44 E 4
Bastia 24-25 L 11
Bastogne 24-25 D 9
Bata 40-41 F 5
Batangas 48 D 8
Bath 28 I 5
Batman 44 C 3
Batna 40-41 A 5
Baton-Rouge 14 G 3
Batoumi 44 B 4
Battipaglia 35 F 4
Batz, Ile de 24-25 F 1
Baud 24-25 G 2
Baurú 16 F 5
Bautzen 29 G 6
Bavière, État 29 I 4
Bayeux 24-25 E 4
Bayonne 24-25 K 3
Bayreuth 29 H 4
Baza 34 E 7
Bazas 34 J 4
Bealanana 40-41 H 11
Bearsden 28 E 4
Beaucaire 24-25 K 9
Beaugency 24-25 G 6

Beaume-les-Dames 24-25 G 10
Beaumont-de-Lomagne 24-25 K 5
Beaune 24-25 H 9
Beaurepaire 24-25 I 9
Beauvais 24-25 E 6
Bechar 40-41 B 3
Bédarieux 24-25 K 7
Bedford 28 H 6
Beijing 50 E 8
Beipiao 50 D 8
Beira 40-41 H 9
Beja 34 E 4
Bejaïa 40-41 A 4
Béjar 34 C 6
Belaïa, Riv. 30-31 F-G 12
Belaïa Kalitva 30-31 I 10
Belaïa Tserkov 30-31 I 8
Belém 16 C 5
Belfast 28 F 3
Belfort 24-25 G 10
Belgaum 48 C 2
Belgorod 30-31 H 9
Belgrade 36 B 5
Beli Manastir 36 A 4
Belitung, Ile 48 F 6
Bellac 24-25 H 5
Bellegarde-sur-Valserine 24-25 H 9
Belle-Île-en-Mer 24-25 G 2
Belley 24-25 I 9
Bellinzona 29 K 3
Belluno 35 B 4
Belmopan 14 H 5
Belogorsk 50 C 8
Belo Horizonte 16 E 6
Belovo 50 C 5
Benavente 34 B 6
Benbecula, Ile 28 C 3
Bender 30-31 J 7
Benevento 35 F 5
Bengale, Golfe du 48 D 4
Bengale Occ., État 48 C 4
Bengbu 50 E 8
Benghazi 40-41 B 6
Benguela 40-41 H 6
Benicarló 34 C 9
Benicassim 34 C 9
Beni-Mellal 40-41 B 3
Benin City 40-41 E 4
Béni-Souef 40-41 C 8
Bénoué, Fl. 40-41 E 5
Berat 36 D 5
Berbera 40-41 E 10
Berberati 40-41 F 6
Berck 24-25 D 6
Berdiansk 30-31 J 9
Berdsk 50 C 5
Berezina, Riv. 30-31 G 7
Berezniki 30-31 D 11
Bergame 35 B 2
Bergen 30-31 D 4
Bergerac 24-25 J 5
Bergisch Gladbach 29 G 2
Béring, Mer de 50 A 10-11
Beringen 24-25 C 9
Berlin 29 F 5
Berlin, État 29 F 5
Bermeo 34 A 7
Bernay 24-25 E 5
Bernburg 29 F 4
Berne 29 J 2
Berre, Étang de 24-25 K 9
Bertoua 40-41 E 6
Berwick-upon-Tweed 28 E 5
Besançon 24-25 G 10
Bethoncourt 24-25 G 10
Béthune 24-25 D 7
Betioky 40-41 I 10
Beverwijk 24-25 B 8
Beyrouth 44 C 2
Béziers 24-25 K 7
Bhavnagar 48 C 2
Bhilai 48 C 3
Bhopal 48 C 3
Biala Podlaska 30-31 H 6
Bialystok 30-31 G 6
Biarritz 24-25 K 3
Bichkek 50 D 3
Bideford 28 I 4
Bielefeld 29 F 3
Bielsko-Biala 30-31 H 5
Bienne 29 J 2
Bihac 36 B 3
Bihar, État 48 C 4
Biisk 50 C 5
Bijelo Polje 36 C 5
Bikaner 48 B 2
Bilbao 34 A 7
Billings 14 D 1
Binche 24-25 D 8
Birao 40-41 E 7
Birkenhead 28 G 5
Birmingham (É.-U.) 14 F 4
Birmingham (R.-U.) 28 H 5
Biscarrosse 24-25 J 3
Biscarrosse, Étang de 24-25 J 3
Bischheim 24-25 F 11
Bischwiller 24-25 F 11
Biskra 40-41 B 4
Bismarck 14 D 3
Bissau 40-41 D 1
Bitola 36 D 6
Bitung 48 F 9
Bizerte 40-41 A 5
Bjelovar 36 A 3
Blackburn 28 G 5
Blackpool 28 G 5
Blackwater, Fl. 28 H 2
Blagnac 24-25 K 6
Blagoevgrad 36 C 7
Blagovechtchensk 50 C 8
Blanche, Mer 30-31 C 9
Blanes 34 B 10

Blankenberge 24-25 C 7
Blantyre 40-41 H 9
Blaye 24-25 I 4
Blida 40-41 A 4
Bloemfontein 40-41 J 7
Blois 24-25 G 6
Bludenz 29 J 3
Blumenau 16 F 5
Bo 40-41 E 2
Boa Vista 16 B 4
Bobigny 24-25 E 7
Bobo-Dioulasso 40-41 E 3
Bobrovsky 30-31 G 7
Bochum 29 F 2
Bodjnurd 44 C 6
Bodø 30-31 B 6
Bois, Lac des 14 D 4
Bois-le-Duc 24-25 C 9
Boise 14 E 2
Bolbec 24-25 E 5
Bolgatanga 40-41 E 4
Bologne 35 C 3
Bologoie 30-31 F 8
Bolton 28 G 5
Bolu 44 A 2
Bolzano 35 B 3
Boma 40-41 G 6
Bombay 48 C 2
Bongabong 48 D 8
Bongor 40-41 E 6
Bonifacio, Détr. de 24-25 M 11
Bonn 29 G 2
Bonne-Espérance, Cap 40-41 J 7
Bonneval 24-25 F 6
Bonneville 24-25 H 10
Bonthain 48 F 8
Bor 36 B 6
Bora-Bora, Ile de 54 D 8
Bornholm, Ile 29 C 6
Borovitchi 30-31 F 8
Borujderd 44 D 5
Bosanska Dubica 24-25 F 3
Bosanska Krupa 36 B 3
Bosna, Riv. 36 B 4
Bosphore, Détroit 36 C 10
Boston (É.-U.) 14 E 5
Boston (R.-U.) 28 H 6
Botnie, Golfe de 30-31 C-D 6-7
Botosani 30-31 I 7
Bouaké 40-41 E 3
Bouar 40-41 E 6
Boug, Fl. 30-31 I 7
Boug Occidental, Riv. 30-31 G 6
Bougainville, Ile 54 C 6
Bougourouslan 30-31 G 11
Bouguenais 24-25 G 3
Boukhara 50 D 2
Boulogne-Billancourt 24-25 F 6
Boulogne-sur-Mer 24-25 D 6
Bounty, Iles 54 F 5
Bourbonne-les-Bains 24-25 F 9
Bourg-en-Bresse 24-25 H 9
Bourg-St-Maurice 24-25 I 10
Bourganeuf 24-25 I 6
Bourges 24-25 H 7
Bourgoin-Jallieu 24-25 I 9
Bourke 54 E 4
Bournemouth 28 J 5
Bouynaksk 30-31 K 11
Bouzoulouk 30-31 G 11
Brac, Ile 36 C 3-4
Bracknell 28 I 6
Bradford 28 G 5
Braga 34 B 4
Bragança 34 B 5
Brahmapoutre, Fl. 48 C 5
Braila 30-31 J 7
Braine-l'Alleud 24-25 D 8
Braintree 28 I 7
Brak 40-41 C 6
Brandebourg, État 29 E 5
Brandenburg 29 F 5
Brandon 14 D 3
Brasília 16 E 5
Brasov 30-31 J 7
Brassac-les-Mines 24-25 I 7
Bratislava 30-31 I 5
Bratsk 50 C 6
Brazzaville 40-41 F 6
Brcko 36 B 4
Breda 24-25 C 8
Bréhat, Ile de 24-25 F 2
Brême 29 E 3
Brême, État 29 D-E 3
Bremerhaven 29 E 3
Brentwood 28 I 7
Brescia 35 B 3
Bressuire 24-25 H 4
Brest (Biélorussie) 30-31 H 6
Brest (France) 24-25 F 1
Briançon 24-25 J 10
Briansk 30-31 G 8
Bridgwater 28 I 5
Briey 24-25 E 9
Brighton 28 J 6
Brignoles 24-25 K 10
Brindisi 35 F 6
Brioude 24-25 I 7
Brisbane 54 E 4
Bristol 28 I 5
Bristol, Canal de 28 I 4-5
Brive-la-Gaillarde 24-25 I 6
Brno 30-31 I 5
Brønderslev 29 A 4
Broome 54 D 2
Brora 28 C 4
Bruay-la-Rivière 24-25 D 7
Bruges 24-25 C 7
Brunswick 29 F 4
Bruxelles 24-25 D 8

Bucaramanga 16 B 2
Bucarest 30-31 J 7
Buchanan 40-41 F 2
Bucharest 30-31 I 5
Buchehr 44 E 5
Budapest 30-31 J 5
Buea 40-41 F 5
Buenaventura 16 B 2
Buenos Aires 16 G 4
Buenos Aires, Lac 16 I 3
Buffalo 14 E 5
Bugojno 36 B 4
Bujumbura 40-41 F 8
Bukavu 40-41 F 8
Bulawayo 40-41 H 8
Bumba 40-41 F 7
Bunguran, Ile 48 E 6-7
Bunia 40-41 F 8
Burao 40-41 E 10
Burayda 44 E 4
Burgas 30-31 J 7
Burgos 34 B 7
Burjasot 34 D 8
Burriana 34 D 8
Bursa 44 B 1
Buru, Ile 48 F 9
Bury St Edmunds 28 H 7
Butare 40-41 F 8
Butte 14 D 1
Butuan 48 E 9
Butung, Ile 48 F 9
Buxtehude 29 E 3
Bydgoszcz 30-31 G 5

C

Cabanatuan City 48 D 8
Cabinda 40-41 G 5
Cabora Bassa, Lac de 40-41 H 8
Cabrera, Ile de 34 D 10
Cacak 36 B 5
Cáceres (Brésil) 16 E 4
Cáceres (Espagne) 34 D 5
Cadillac 24-25 J 4
Cadix 34 F 5
Cadix, Golfe de 34 E-F 4-5
Cadiz 34 F 5
Caen 24-25 E 4
Caernarfon 28 H 4
Cagayan de Oro 48 E 9
Cagliari 35 G 2
Cagnes-sur-Mer 24-25 K 11
Cahors 24-25 H 8
Caimans, Iles 14 H 4
Cairns 54 C 2
Cajamarca 16 D 2
Calabar 40-41 E 5
Calais 24-25 C 6
Calama 16 F 3
Calatayud 34 C 8
Calbayog 48 D 9
Calcutta 48 C 4
Caldas de Reis 34 B 4
Calgary 14 D 1
Cali 16 B 2
Californie, État 14 E 1
Callac 24-25 F 2
Callao 16 D 2
Caltagirone 35 I 4
Caltanissetta 35 I 4
Calvi 24-25 L 10
Cam Ranh 48 E 7
Camagüey 14 H 4
Cambo-les-Bains 24-25 K 3
Cambrai 24-25 D 7
Cambridge 28 H 6
Cambridge Bay 14 D 1
Camiri 16 E 3
Campbell, Ile 54 F-G 5
Campina Grande 16 D 6
Campinas 16 F 5
Campobasso 35 F 4
Campo Grande 16 E 4
Campos 16 F 5
Canakkale 44 A 1
Canaries, Iles 34 E 10
Canberra 54 C 3
Cancale 24-25 F 3
Cancún 14 H 3
Cangas del Narcea 34 A 5
Cankiri 44 B 2
Cannes 24-25 K 11
Canoas 16 G 5
Cantabrie, Comm. aut.
34 A-B 6-7
Canterbury 28 I 7
Can Tho 48 E 6
Canton 50 G 7
Capbreton 24-25 K 3
Cap-Chat 14 D 6
Cap Corse 24-25 L 10
Capestang 24-25 K 7
Capitol Hill 54 B 4
Capri, Ile de 35 F 4
Cap Vert 40-41 D 1
Caracas 16 A 3
Caravaca de la Cruz 34 E 8
Carballo 34 A 4
Carbonia 35 G 1
Carcassonne 24-25 K 7
Cardiff 28 I 5
Cardigan 28 I 4
Cardigan, Baie de 28 H 4
Carentan 24-25 E 4
Carlisle 28 F 3
Carlow 28 H 3
Carmarthen 28 I 4
Carmaux 24-25 J 6
Carnarvon 54 D 1
Caroline du Nord, État 14 F 5
Caroline du Sud, État 14 F-G 4-5
Carolines, Iles 54 B 3-4
Carpentarie, Golfe de 54 C-D 3
Carpentras 24-25 K 9
Carpi 35 C 3

Carrare 35 C 2
Carrick-on-Shannon 28 G 2
Cartagena 16 A 2
Carthagène 34 E 8
Cartwright 14 D 7
Caruaru 16 D 6
Casablanca 40-41 B 3
Cascina-Navacchio 35 D 3
Caserte 35 F 4
Caspe 34 C 7
Casper 14 E 2
Caspienne, Mer 30-31 J 11-12
Cassis 24-25 K 9
Casteljaloux 24-25 J 5
Castellane 24-25 K 10
Castellón de la Plana 34 D 9
Castelnaudary 24-25 K 6
Castelnau-de-Médoc 24-25 I 4
Castelo Branco 34 D 4
Castelsarrasin 24-25 J 5
Castille-La Manche, Comm. aut.
34 D 6-7
Castille-León, Comm. aut. 34 B 6
Castlebar 28 G 2
Castres 24-25 K 6
Castries 24-25 K 8
Cat, Ile 14 G 5
Catalogne, Comm. aut.
34 B 9-10
Catamarca 16 G 3
Catane 35 I 5
Catanzaro 35 H 5
Cattégat, Détroit 30-31 E 5
Caudry 24-25 D 7
Caussade 24-25 J 6
Cauvery, Fl. 48 D 2
Cavaillon 24-25 K 9
Cavalaire-sur-Mer 24-25 K 10
Caxias do Sul 16 G 5
Cayenne 16 B 5
Cazaux, Étang de 24-25 I 3
Cazères 24-25 K 5
Cazin 36 B 3
Ceará, État 16 C 6
Cebu 48 E 9
Ceduna 54 E 1
Célèbes, Ile des 48 F 8-9
Célèbes, Mer des 48 E 9
Celje 36 A 3
Cella 34 C 8
Celle 29 E 3
Celte, Mer 28 I 3
Cenon 24-25 I 4
Céphalonie, Ile 36 F 6
Ceram, Ile 48 F 10
Céret 24-25 L 7
Cerro de Pasco 16 D 2
Cesena 35 D 3
Cesis 30-31 F 7
Ceské Budejovice 30-31 H 5
Cesson-Sévigné 24-25 F 3
Ceylan, Ile de 48 D-E 3
Chakhty 30-31 I 9
Challans 24-25 H 3
Châlons-en-Champ. 24-25 F 8
Chalon-sur-Saône 24-25 H 9
Chambal, Riv. 48 B 3
Chambéry 24-25 I 10
Chambord 24-25 G 6
Chamonix-Mont-Blanc 24-25 I 10
Chañaral 16 F 3
Chandigarh 48 B 3
Changchun 50 D 8
Changsha 50 F 7
Chantar, Ile 50 C 9
Chantilly 24-25 E 7
Chantonnay 24-25 H 4
Charente, Fl. 24-25 I 4
Chari, Fl. 40-41 E 6
Charleroi 24-25 D 8
Charleston (Car. du Sud) 14 F 4
Charleston (Virg. Occ.) 14 F 4
Charleville 54 E 4
Charleville-Mézières 24-25 E 9
Charlieu 24-25 H 9
Charlotte 14 F 4
Charlottetown 14 E 6
Charolles 24-25 H 8
Chartres 24-25 F 5
Château-Arnoux 24-25 J 10
Châteaubriant 24-25 G 3
Château-Chinon 24-25 G 8
Châteaudun 24-25 F 6
Château-Gontier 24-25 G 4
Châteaulin 24-25 F 1
Château-Renault 24-25 G 5
Châteauroux 24-25 H 6
Château-Salins 24-25 F 10
Château-Thierry 24-25 E 7
Châtelet 24-25 D 8
Châtelguyon 24-25 I 7
Châtellerault 24-25 H 5
Chatham 28 I 7
Chatham, Iles 54 F 6
Châtillon-sur-Seine 24-25 G 8
Chaumont 24-25 F 9
Chauny 24-25 E 7
Chauvigny 24-25 H 5
Chaves 34 B 4
Chébéli, Riv. 40-41 E 10
Cheju, Ile 50 E 9
Cheki 44 B 5
Chelm 30-31 H 6
Chelmsford 28 I 7
Chemnitz 29 G 5
Chengde 50 D 8
Chengdu 50 F 6
Chenonceaux 24-25 G 5
Chenôve 24-25 G 9
Cher, Riv. 24-25 G 6
Cherbourg 24-25 E 3
Cheshunt 28 I 6
Chester 28 H 5
Chevtchenko 50 C 1
Cheyenne 14 E 3

Chiangmai 48 D 5
Chibougamau 14 D 5
Chicago 14 E 3
Chiclana de la Frontera 34 F 5
Chiclayo 16 D 1
Chicoutimi 14 E 6
Chieti 35 E 4
Chihuahua 14 G 2
Chillán 16 H 3
Chimay 24-25 D 8
Chimbote 16 D 1
Chincha Alta 16 D 2
Chine Mérid., Mer de 50 G 8
Chine Orient., Mer de 50 E-F 9
Chingola 40-41 H 8
Chinon 24-25 G 5
Chio 36 E 9
Chio, Ile 36 E 9
Chipata 40-41 H 8
Chiraz 44 E 5
Chisasibi 14 D 5
Chisinau 30-31 I 7
Chittagong 48 C 4
Cholet 24-25 H 4
Choma 40-41 H 8
Chomutov 30-31 H 4
Chonburi 48 D 6
Chongjin 50 D 9
Chongqing 50 F 7
Chorzów 30-31 H 6
Christchurch 54 F 5
Chtchekino 30-31 G 9
Chulucanas 16 C 1
Churchill 14 C 4
Churchill Falls 14 D 6
Chypre, Ile de 44 C 2
Cieza 34 E 8
Cincinnati 14 F 4
Ciudad Bolívar 16 A 3
Ciudadella de Menorca 34 C 11
Ciudad Guayana 16 A 3
Ciudad Juárez 14 F 2
Ciudad Obregón 14 G 2
Ciudad Real 34 D 6
Ciudad Rodrigo 34 C 5
Ciudad Victoria 14 G 3
Civitavecchia 35 E 3
Civray 24-25 H 5
Clamecy 24-25 G 7
Cleveland 14 E 4
Clermont-Ferrand 24-25 I 7
Clermont-l'Hérault 24-25 K 8
Clervaux 24-25 D 9
Clonmel 28 H 2
Cluj Napoca 30-31 I 6
Cluses 24-25 H 10
Clyde, Estuaire de 28 E-F 4
Clyde, Fl. 28 E 4
Coatzacoalcos 14 H 3
Cochabamba 16 E 3
Cochin 48 D 2
Cochrane 14 D 5
Cognac 24-25 I 4
Coihaique 16 I 3
Coimbatore 48 D 2
Coimbra 34 C 4
Coire 29 I 3
Colchester 28 I 7
Coll, Ile 28 D 3
Collegno 35 B 1
Collooney 28 G 2
Colmar 24-25 F 11
Colmars 24-25 I 10
Cologne 29 G 2
Colombie-Britannique 14 B 1-2
Colombo 48 E 2
Colomiers 24-25 K 6
Colorado, État 14 E 2
Colorado, Riv. 14 E-F 2
Colorado Springs 14 E 2
Columbia 14 F 4
Columbus 14 F 4
Combourg 24-25 F 3
Côme 35 B 2
Côme, Lac de 35 B 2
Commandeur, Iles du 50 A 11
Commercy 24-25 F 9
Comodoro Rivadavia 16 I 4
Compiègne 24-25 E 7
Conakry 40-41 E 2
Concarneau 24-25 F 1
Concepción (Chili) 16 H 3
Concepción (Paraguay) 16 F 4
Concord 14 E 5
Concordia 16 G 4
Condé-sur-Vire 24-25 E 4
Condom 24-25 K 5
Confolens 24-25 H 5
Connecticut, État 14 E 5
Constance 29 I 3
Constance, Lac de 29 I 3
Constanta 30-31 I 7
Constantine 40-41 A 5
Contes 24-25 K 11
Contrexéville 24-25 F 9
Cook, Iles 54 D 7-8
Copenhague 29 C 5
Copiapó 16 G 3
Coquimbo 16 G 3
Corail, Gde Barrière de 54 D 4
Corail, Mer de 54 D 4
Corato 35 F 5
Corbie 24-25 E 7
Córdoba (Arg.) 16 G 4
Cordoue (Espagne) 34 E 6
Corfou 36 F 5
Corfou, Ile de 36 E 5-6
Coria 34 C 5
Corinthe 36 F 7
Cork 28 I 2
Corpus Christi 14 G 3
Corrientes 16 F 4
Corte 24-25 L 11

Corum 44 B 2
Corvo, Ile 34 F 9
Cosenza 35 G 5
Cosne-Cours-sur-Loire 24-25 G 7
Cosne-d'Allier 24-25 H 7
Costa Blanca 34 E 9
Costa Brava 34 B 10-11
Costa de la Caparica 34 D 3
Costa del Azahar 34 D 9
Costa del Sol 34 F 6-7
Costa Dorada 34 C 9-10
Costa Verde 34 A 5
Cotabato City 48 E 9
Cotonou 40-41 E 4
Coulommiers 24-25 F 7
Courpière 24-25 I 8
Courtrai 24-25 D 8
Coutances 24-25 E 3
Coutras 24-25 I 4
Coventry 28 H 6
Covilhã 34 C 4
Cracovie 30-31 H 6
Craiova 30-31 I 6
Cranbrook 14 D 1
Craponne-sur-Arzon 24-25 I 8
Crawley 28 I 6
Creil 24-25 E 7
Crémone 35 C 2
Cres, Ile 36 B 3
Crète, Ile 36 G 8-10
Crète, Mer de 36 F 9
Créteil 24-25 F 7
Creus, Cap 34 B 10
Creuse, Riv. 24-25 H 6
Crewe 28 H 5
Crotone 35 H 6
Cruzeiro do Sul 16 D 2
Cuando, Fl. 40-41 H 6-7
Cúcuta 16 B 2
Cuenca (Équateur) 16 C 2
Cuenca (Espagne) 34 D 7
Cuers 24-25 K 10
Cuiabá 16 E 4
Culiacán 14 G 2
Cullera 34 D 8
Cumaná 16 A 3
Cunene, Fl. 40-41 H 6
Cuneo 35 C 1
Curaçao, Ile 14 I 5
Curitiba 16 F 5
Curuzú Cuatiá 16 G 4
Cusset 24-25 H 8
Cuttack 48 C 4
Cuxhaven 29 D 3
Cuzco 16 E 2
Cyclades, Iles 36 F 8-9
Cythère, Ile 36 G 7
Czestochowa 30-31 H 6

D

Da Nang 48 D 7
Dacca 48 C 4
Dachau 29 I 4
Dafang 50 F 7
Dakar 40-41 D 1
Dakhla 40-41 C 1
Dakota du Nord, État 14 D 3
Dakota du Sud, État 14 E 3
Dakovica 36 D 5
Dakovo 36 A 4
Dalian 50 E 8
Dalias 34 F 7
Dallas 14 F 3
Dalmates, Iles 36 B-C 2-4
Daly Waters 54 D 3
Damas 44 C 3
Dammam 44 F 5
Damme 29 E 3
Dandong 50 E 8
Danemark, Détroit du 30-31 A-B 1
Danube, Delta du 30-31 J 7
Danube, Fl. 30-31 I 5-J 7
Daqing 50 D 8
Dar-es-Salaam 40-41 G 9
Darkhan 50 D 7
Darlington 28 F 5
Darmstadt 29 H 3
Daroca 34 C 8
Dartmouth 14 E 6
Daruvar 36 A 4
Darwin 54 C 3
Daugavpils 30-31 F 7
Dauphin 14 D 3
Davao 48 E 9
Davos 29 I 3
Dawson Creek 14 C 2
Dax 24-25 K 3
Deauville 24-25 E 5
Debra Dun 48 B 3
Debra Marqos 40-41 E 9
Debrecen 30-31 I 6
Decazeville 24-25 J 6
Decize 24-25 H 8
Dee, Fl. 28 D 5
Deinze 24-25 D 8
Deir ez-Zor 44 C 3
Delaware, État 14 F 5
Delémont 29 I 2
Delft 24-25 B 8
Delfzijl 24-25 A 11
Delhi 48 B 3
Delmenhorst 29 E 3
Del Rio 14 G 2
Denain 24-25 D 7
Denia 34 E 9
Denizli 44 B 1
Denver 14 E 2
Derbent 30-31 K 11
Derby (Australie) 54 D 2
Derby (R.-U.) 28 H 6
Derna 40-41 B 7
Descartes 24-25 G 5

Desertas, Iles 34 G 8
Des Moines 14 E 3
Desna, Riv. 30-31 G-H 8
Dessau 29 F 4
Detmold 29 F 3
Detroit 14 E 4
Deventer 24-25 B 9
Dezful 44 D 5
Dhanbad 48 C 4
Dhráma 36 D 8
Die 24-25 J 9
Dieppe 24-25 D 5
Differdange 24-25 E 9
Digne-les-Bains 24-25 J 10
Dijon 24-25 G 9
Dili 48 G 9
Dimitrovgrad 30-31 J 7
Dinan 24-25 F 3
Dinant 24-25 D 8
Dinard 24-25 F 3
Dingwall 28 E 4
Diourbel 40-41 D 1
Dirédaoua 40-41 E 10
District Fédéral, État 16 E 5
Divinópolis 16 E 6
Divo 40-41 G 9
Diyarbakir 44 C 3
Djahrom 44 E 5
Djamboul 50 D 3
Djedda 44 G 2
Djezkazgan 50 C 3
Djibouti 40-41 E 10
Djimma 40-41 E 9
Djizan 44 H 3
Djouba, Fl. 40-41 F 10
Dnepr, Fl. 30-31 G-J 8
Dnieprodzerjinsk 30-31 I 8
Dniepropetrovsk 30-31 I 8
Dniestr, Fl. 30-31 I 7
Doba 40-41 E 6
Doboj 36 B 4
Dobric 36 B 9
Dodoma 40-41 G 9
Doetinchem 24-25 B 10
Dogondoutchi 40-41 D 4
Dôle 24-25 G 9
Domérat 24-25 H 7
Domfront 24-25 F 4
Domme 24-25 J 6
Don Benito 34 D 5
Don, Fl. 30-31 H 10
Donegal 28 F 2
Donegal, Baie de 28 F 2
Donetsk 30-31 I 9
Dongguan 50 G 8
Dongying 50 E 8
Dorchester 28 I 5
Dordogne, Riv. 24-25 J 5
Dordrecht 24-25 C 8
Dornbirn 29 I 3
Dornoch, Estuaire de 28 C 4-5
Dortmund 29 F 2
Dos Hermanas 34 E 5
Douai 24-25 D 7
Douala 40-41 F 5
Douarnenez 24-25 F 1
Doubs, Riv. 24-25 G 9
Douchanbe 50 D 2
Douglas 28 G 4
Douro, Fl. 34 C 7
Douvres 28 I 7
Drac, Riv. 24-25 J 10
Drachten 24-25 A 9
Draguignan 24-25 K 10
Drammen 30-31 D 5
Drave 36 A 2
Dresde 29 G 5
Dreux 24-25 F 6
Drin, Fl. 36 C 5
Drina, Riv. 36 B 5
Drogheda 28 G 3
Drôme, Riv. 24-25 J 9
Dryden 14 D 4
Dubayy 44 F 5
Dublin 28 G 3
Dubrovnik 36 C 4
Dudley 28 H 5
Duero, Fl. 34 C 7
Dugi Otok, Ile 36 B-C 3
Duisburg 29 F 2
Duluth 14 E 3
Dumfries 28 F 4
Duncansby, Cap 28 B 5
Dundalk 28 G 3
Dundee 28 E 5
Dunedin 54 F 5
Dunfermline 28 E 5
Dunkerque 24-25 C 7
Dún Laoghaire 28 G 3
Durance, Riv. 24-25 K 9
Durango 14 G 2
Durban 40-41 J 8
Durgapur 48 C 4
Durrës 36 D 5
Düsseldorf 29 F 2
Dvina, Baie de la 30-31 D 9
Dvina Occid., Fl. 30-31 F-G 7-8
Dvina Septentr., Fl. 30-31 D 9-10
Dzaoudzi 40-41 H 10
Dzerjinsk 30-31 F 10

E

Eastbourne 28 J 7
East Kilbride 28 E 4
East London 40-41 J 8
Eauze 24-25 K 5
Eberswalde-Finow 29 E 5
Ebolowa 40-41 F 5
Èbre, Fl. 34 B 8
Ech-Cheliff 40-41 A 4
Echenoz-la-Méline 24-25 G 10
Échirolles 24-25 I 10
Écho Bay 14 A 3
Ecija 34 E 6

F

Édimbourg 28 E 5
Edirne 36 C 9
Edmonton 14 C 2
Édouard, Lac 40-41 F 8
Égates, Iles 35 H 3
Égée, Mer 36 E 8-9
Égletons 24-25 I 6
Eibar 34 B 7
Eilat 44 D 2
Eindhoven 24-25 C 9
Eisenach 29 G 4
Eisenerz 29 I 5
Eisenhüttenstadt 29 F 6
Eisenstadt 29 I 7
El-Aiun 40-41 C 2
Elazig 44 B 3
Elbasan 36 D 5
Elbe, Fl. 29 F 4
Elbe, Ile d' 35 D 2
El-Beida 40-41 B 7
Elbeuf 24-25 E 5
Elblag 30-31 G 5
Elche 34 E 8
Elda 34 E 8
Elektrostal 30-31 F 9
El Escorial 34 C 6
Eleuthera, Ile 14 G 5
El-Fasher 40-41 D 7
El Ferrol 34 A 4
El-Geneina 40-41 D 7
Elgin 28 C 5
Elista 30-31 I 10
Elko 14 E 1
Ellesmere Port 28 G 5
Elmshorn 29 D 3
El-Obeid 40-41 D 8
El Paso 14 F 2
El Prat de Llobregat 34 C 10
Elvas 34 D 5
Emamchahr 44 C 6
Embrun 24-25 J 10
Emden 29 E 2
Emmeloord 24-25 B 9
Emmen 24-25 B 10
Emsdetten 29 F 2
Encarnación 16 F 4
Ennis 28 H 2
Enniscorthy 28 H 3
Enniskillen 28 F 3
Enns, Riv. 29 I 6
Ensenada 14 F 1
Enshede 24-25 B 10
Enugu 40-41 E 5
Éoliennes, Iles 35 H 4
Épernay 24-25 E 8
Épinal 24-25 F 10
Erdenet 50 D 6
Erevan 44 B 4
Érié, Lac 14 E 4-5
Erlangen 29 H 4
Erris, Cap 28 F 1
Erzincan 44 B 3
Erzurum 44 B 3
Esbjerg 29 C 3
Esbo 30-31 E 7
Escanaba 14 E 4
Esch-sur-Alzette 24-25 E 9
Eschwege 29 G 4
Eschweiler 29 G 2
Eskisehir 44 B 2
Espalion 24-25 J 7
Esperance 54 E 2
Espichel, Cap 34 D 3
Espinho 34 C 4
Espírito Santo, État 16 E 6
Espíritu Santo, Ile 54 D 5
Essen 29 F 2
Esslingen 29 I 3
Estrémadure, Comm. aut. 34 D 5
Étampes 24-25 F 6
Étaples 24-25 D 6
Étorofou, Ile 50 C 10
Étretat 24-25 E 5
Ettelbruck 24-25 E 10
Ettlingen 29 I 2
Eubée, Ile 36 F 7-8
Eugene 14 D 1
Euphrate, Fl. 44 C 3
Eure, Riv. 24-25 F 6
Euskirchen 29 G 2
Évian-les-Bains 24-25 H 10
Évora 34 D 4
Évreux 24-25 E 5
Exeter 28 J 5
Eymoutiers 24-25 I 6

Faenza 35 C 3
Faial, Ile de 34 G 10
Fair Isle, Ile 28 B 5
Faisalabad 48 B 2
Falaise 24-25 F 5
Faludja 44 D 4
Falun 30-31 D 6
Fameck 24-25 E 10
Fandriana 40-41 I 10
Fanø, Ile 29 C 3
Farah 44 D 7
Farasan, Iles 44 H 3
Fargo 14 D 3
Faro 34 E 4
Faya-Largeau 40-41 D 6
Fécamp 24-25 E 5
Fehmarn, Ile 29 D 4
Feira de Santana 16 D 6
Ferrare 35 C 3
Fès 40-41 B 3
Fetlar, Ile 28 B 7
Fianarantsoa 40-41 I 10
Fier 36 D 5
Figeac 24-25 J 6
Figueira da Foz 34 C 4

Figueras 34 B 10
Finlande, Golfe de 30-31 E 7
Finsterwalde 29 F 5
Fionie, Ile 29 C 4
Firminy 24-25 I 8
Flagstaff 14 F 2
Flensburg 29 C 3
Flers 24-25 F 4
Flessingue 24-25 C 7
Fleury-les-Aubray 24-25 G 6
Flin Flon 14 C 3
Flixecourt 24-25 D 6
Florac 24-25 J 8
Florence 35 D 3
Flores (Indonésie), Ile 48 G 8-9
Flores (Portugal), Ile 34 F 9
Flores, Mer de 48 G 8-9
Florianópolis 16 F 5
Floride, Etat 14 G 4
Flórina 36 D 6
Foca 36 C 4
Foggia 35 F 5
Föhr, Ile 29 C 3
Foix 24-25 L 6
Foligno 35 D 4
Fontaine 24-25 I 9
Fontainebleau 24-25 F 7
Fontenay-le-Comte 24-25 H 4
Font-Romeu 24-25 L 6
Forbach 24-25 E 10
Forcalquier 24-25 K 10
Forfar 28 D 5
Forges-les-Eaux 24-25 E 6
Forlì 35 C 3
Formentera, Ile de 34 D 10
Formosa 16 F 4
Fort Albany 14 D 5
Fortaleza 16 C 6
Fort Augustus 28 D 4
Fort Chipewyan 14 B 3
Forth, Estuaire de 28 E 5
Fort Liard 14 B 2
Fort McMurray 14 C 3
Fort Nelson 14 B 2
Fort Norman 14 A 2
Fort Resolution 14 B 3
Fort Saint John 14 C 2
Fort Simpson 14 B 2
Fort Vermilion 14 B 3
Fort William 28 D 4
Fougères 24-25 F 4
Foula, Ile 28 B 6
Fourmies 24-25 D 8
Fraga 34 C 9
Francavilla Fontana 35 G 6
Francfort-sur-le-Main 29 G 3
Francistown 40-41 I 8
Frankenthal 29 H 2
Fraserburgh 28 C 5
Fredericton 14 E 6
Frederikshavn 29 A 4
Fredrikstad 30-31 E 5
Freetown 40-41 E 2
Freiberg 29 G 5
Freising 29 I 4
Freital 29 G 5
Fréjus 24-25 K 10
Fresno 14 F 1
Fribourg (Allemagne) 29 I 2
Fribourg (Suisse) 29 J 2
Friedrichshafen 29 J 3
Frise Orientale, Iles de la 29 D 2
Frise Septentr., Iles de la 29 C-D 3
Frolovo 30-31 H 10
Frosinone 35 F 4
Fuerteventura, Ile de 34 E 11
Fukuoka 50 E 9
Fulda 29 G 3
Fumel 24-25 J 5
Funafuti 54 C 6
Funafuti, Ile 54 C 6
Funchal 34 G 8
Fürstenfeldbruck 29 I 4
Fürth 29 H 4
Fushun 50 D 8
Fuxin 50 D 8
Fuzhou 50 F 8

G

Gabès 40-41 B 5
Gaborone 40-41 I 7
Gabrovo 36 B 8
Gacé 24-25 F 5
Gaillac 24-25 K 6
Galashiels 28 E 5
Galati 30-31 J 7
Galice, Comm. aut. 34 B 4
Galle 48 E 2
Galway 28 G 2
Galway, Baie de 28 G 1-2
Gambie, Fl. 40-41 D 2
Gambier, Iles 54 G 9-10
Gand 24-25 C 8
Gandajika 40-41 G 7
Gander 14 E 7
Gandia 34 D 9
Gandja 44 B 4
Gange, Fl. 48 C 4
Gao 40-41 D 4
Gap 24-25 J 10
Garbsen 29 F 3
Gard, Riv. 24-25 K 8
Garde, Lac de 35 B 3
Garonne, Fl. 24-25 J 5
Garoowe 40-41 E 11
Garoua 40-41 E 6
Gascogne, Golfe de 34 A 7-8
Gaspé 14 E 6
Gattchina 30-31 E 8
Gave de Pau, Riv. 24-25 K 4
Gave d'Oloron, Riv. 24-25 K 4
Gävle 30-31 D 6

Gaza 44 D 2
Gaziantep 44 C 3
Gdansk 30-31 G 6
Gdynia 30-31 G 6
Geel 24-25 C 8
Geelong 54 E 4
Gela 35 I 4
Geleen 24-25 C 9
Gelsenkirchen 29 F 2
Gemena 40-41 F 7
General Roca 16 H 3
General Santos 48 G 9
Gênes 35 C 2
Gênes, Golfe de 35 C 2
Genève 29 K 1
George, Riv. 14 C 6
Georgetown (Guyana) 16 B 4
Georgetown (Malaisie) 48 E 5
Géorgie, Etat 14 G 4
Georgsmarienhütte 29 F 3
Gera 29 G 4
Geraldton 54 E 1
Germering 29 I 4
Gérone 34 B 10
Gers, Riv. 24-25 K 5
Gex 24-25 H 10
Ghadamès 40-41 B 5
Ghanzi 40-41 H 7
Ghardaïa 40-41 B 4
Gharian 40-41 B 5
Ghazni 48 A 2
Ghisonaccia 24-25 M 11
Gibraltar 34 F 5
Gibraltar, Détroit de 34 F 5-6
Gien 24-25 G 7
Giessen 29 G 3
Gijón 34 A 6
Gilbert, Iles 54 C 5-6
Gillam 14 C 4
Gillingham 28 I 7
Gimont 24-25 K 5
Gironde, Estuaire de la 24-25 I 4
Gisborne 54 E 6
Givors 24-25 I 9
Gizeh 40-41 B 8
Gjirokastër 36 E 6
Glama, Fl. 30-31 D 5
Glasgow 28 E 4
Glazov 30-31 E 11
Gloucester 28 I 5
Goa, Etat 48 D 2
Godavari, Fl. 48 C 3
Godoy Cruz 16 G 3
Goiânia, 16 E 5
Goias, Etat 16 D 5
Goma 40-41 F 8
Gomel 30-31 H 8
Gomera, Ile de 34 F 10
Gonbad-e Qabus 44 C 6
Gondar 40-41 D 9
Goose Bay 14 D 7
Gorakhpur 48 C 4
Gore 40-41 E 9
Gorgan 44 C 6
Gori 44 B 4
Görlitz, 29 G 6
Gorlovka 30-31 I 9
Gorna Orjahovitsa 36 B 8
Gorontalo 48 F 9
Gorzów Wielkopolski 30-31 G 5
Goslar 29 F 4
Gospic 36 B 3
Gostivar 36 C 6
Göteborg 30-31 E 5
Gotland, Ile 30-31 E-F 6
Göttingen 29 F 3
Goubakha 30-31 E 12
Goubkine 30-31 H 9
Gouda 24-25 B 8
Goudermes 30-31 J 11
Gourdon 24-25 J 5
Gouriev 50 C 2
Governador Valadares 16 E 6
Goya 16 G 4
Gozo, Ile 35 J 4
Graciosa, Ile de 34 F 10
Grafton 54 E 4
Gramat 24-25 J 6
Grand Belt, Détroit 29 C 4
Grand Cache 14 C 2
Grande Canarie, Ile 34 F 10
Grand Falls 14 E 7
Grand Forks 14 D 3
Granollers 34 B 10
Grantham 28 H 6
Granville 24-25 F 3
Grasse 24-25 K 11
Gravesend 28 I 7
Gray 24-25 G 9
Great Abaco, Arch. 14 G 5
Great Falls 14 D 2
Great Inagua, Arch. 14 H 5
Great Yarmouth 28 H 7
Green Bay 14 E 4
Greenock 28 E 4
Greifswald 29 D 5
Grenà 29 B 4
Grenade 34 E 7
Grenade-sur-Garonne 24-25 K 6
Grenoble 24-25 I 9
Griazi 30-31 H 9
Grimsby 28 H 6
Gris-Nez, Cap 24-25 D 6
Grodno 30-31 G 7
Groenland, Mer du 30-31 A 2
Groix 24-25 G 2
Groix, Ile 24-25 G 2
Groningue 24-25 A 11
Grootfontein 40-41 H 6
Grosseto 35 D 3
Groznyi 30-31 J 11
Guadalajara (Espagne) 34 C 7
Guadalajara (Mexique) 14 H 2

Guadalquivir, Fl. 34 E 5-6
Guadiana, Fl. 34 D 5-6-E 4
Guadix 34 E 7
Guam, Ile 54 B 3
Guaporé, Fl. 16 D 3
Guarda 34 C 5
Guardafui, Cap 40-41 E 11
Guatemala 14 I 3
Guayaquil 16 C 1
Guaymas 14 G 1
Guben 29 F 6
Guebwiller 24-25 F 11
Guéméné-Penfao 24-25 G 3
Guérande 24-25 G 2
Guéret 24-25 H 6
Guernesey, Ile 28 K 5
Gueugnon 24-25 H 8
Guildford 28 I 6
Guilin 24-25 G 1
Guimarães 24-25 F 1
Guinée, Golfe de 40-41 F 4
Guingamp 24-25 F 3
Guipavas 24-25 F 1
Guiyang 50 F 7
Gujerat, Etat 48 B 2
Gujranwala 48 B 3
Gulu 40-41 E 8
Gummersbach 29 G 2
Guntur 48 D 3
Guyane Française 16 B 4
Gwadar 48 B 1
Gwalior 48 B 3
Gweru 40-41 H 8
Györ 30-31 I 5

H

Haapsalu 30-31 E 7
Haarlem 24-25 B 8
Haddington 28 E 5
Hadiboh 44 I 5
Hafnarfjördhur 30-31 B 1
Hagetmau 24-25 K 4
Hagondange 24-25 E 10
Haguenau 24-25 F 11
Haïfa 44 D 2
Haikou 50 G 7
Hainan, Ile d' 50 G 7
Haiphong 48 D 6
Halifax 14 E 6
Halle (Allemagne) 29 F 4
Halle (Belgique) 24-25 D 8
Hallein 29 J 5
Halmahera, Ile d' 48 E-F 9-10
Halmstad 30-31 F 5
Hälsingborg 30-31 F 5
Hama 44 C 3
Hamadan 44 C 5
Hamar 30-31 D 5
Hambourg 29 E 4
Hambourg, Etat 29 D-E 4
Hamhung 50 E 9
Hamilton (Canada) 14 E 5
Hamilton (R.-U.) 28 E 4
Hamm 29 F 2
Handan 44 F 7
Hangzhou 50 F 8
Hanoi 48 C 6
Hanovre 29 F 3
Hanzhong 50 F 7
Happy Valley 14 D 7
Harare 40-41 H 8
Harat 44 B 1
Hardenberg 24-25 B 10
Harderwijk 24-25 B 9
Hargeisa 40-41 E 10
Harlingen 24-25 A 9
Harlow 28 I 6
Härnösand 30-31 D 6
Harrogate 28 G 5
Hartland, Pointe 28 J 4
Haryana 48 B 3
Haskovo 36 C 8
Hasparren 24-25 K 3
Hasselt 24-25 C 9
Hassetché 44 C 3
Hastings 28 J 7
Havre-Saint-Pierre 14 D 6
Hawaii, Ile 54 A-B 8
Hawaii, Iles 54 A 6-8
Hawick 28 E 5
Hay River 14 B 3
Hazebrouck 24-25 D 7
Hébrides, Mer des 28 D 3
Hébrides Ext., Iles 28 C-D 3
Hébrides Intérieures, Iles 28 D-E 3
Hébron 44 D 2
Heerenveen 24-25 A 9
Heerhugowaard 24-25 B 8
Heerlen 24-25 C 9
Hefei 50 F 8
Hegang 50 D 9
Heidelberg 29 H 3
Heilbronn 29 H 3
Helena 14 D 1
Helgoland, Baie d' 29 D 3
Helgoland, Ile 29 D 3
Hellin 34 E 8
Helsingør 29 B 5
Helsinki 30-31 E 7
Henares, Riv. 34 C 7
Hendaye 24-25 K 3
Hengelo 24-25 B 10
Hengyang 50 F 7
Hennebont 24-25 G 2
Hérault, Fl. 24-25 K 8
Hereford 28 I 5
Hermosillo 14 G 1
Hernandarias 16 F 4
Hernani 34 A 8
Herne 29 F 2
Hérouville-St-Clair 24-25 E 4
Herstal 24-25 C 9
Hesse, Etat 29 G 3
Hibbing 14 D 4

Hierro, Ile 34 F 9
Hiiumaa, Ile 30-31 E 6-7
Hildesheim 29 F 3
Hilla 44 D 4
Hilversum 24-25 B 9
Himachal Pradesh, Etat 48 B 3
Hiroshima 50 E 10
Hirson 24-25 D 8
Hiva Oa, Ile 54 B 9
Hô Chi Minh-Ville 48 E 6
Hobart 54 F 4
Hodeida 44 H 3
Hof 29 G 4
Hokkaido, Ile d' 50 C-D 10
Holstebro 29 B 4
Holy, Ile 28 G 4
Homs (Libye) 40-41 B 6
Homs (Syrie) 44 C 3
Hong Gai 48 C 6
Hong Kong 50 G 8
Honiara 54 C 5
Honolulu 54 A 8
Honshu, Ile d' 50 D-E 10
Hoogeveen 24-25 B 10
Hoogezand 24-25 A 11
Hoorn 24-25 B 9
Hopedale 14 D 7
Horsham 28 J 6
Hossegor 24-25 K 3
Houhehot 50 E 7
Hourtin-Carcans, Lac d' 24-25 I 4
Houston 14 G 3
Howland, Ile 54 C 6
Höxter 29 F 3
Hoy, Ile 28 B 5
Hoyerswerda 29 G 5
Hradec Králové 30-31 H 5
Huacho 16 D 2
Huambo 40-41 H 6
Huainan 50 F 8
Huancayo 16 D 2
Huang He, Fl. 50 E 7-8
Huánuco 16 D 2
Hubli-Dharwar 48 D 2
Huddersfield 28 G 5
Huê 48 D 6
Huelva 34 E 5
Huércal-Overa 34 E 8
Huesca 34 B 8
Huéscar 34 E 7
Hull 14 E 5
Humaita 16 D 3
Hunjiang 50 D 9
Huntingdon 28 H 6
Huntly 28 C 5
Huron, Lac 14 E 5
Husum 29 D 3
Hvar, Ile 35 C 4
Hwange 40-41 H 8
Hyderabad (Inde) 48 C 3
Hyderabad (Pakistan) 48 B 2
Hyères 24-25 K 10

I

Iakoutsk 50 B 8
Iaroslav 30-31 F 9
Iasi 30-31 I 7
Ibadan 40-41 E 4
Ibagué 16 B 2
Ibiza 34 D 9
Ibiza, Ile d' 34 D 9
Ica 16 E 2
Ichim, Fl. 50 C 3
Idaho, Etat 14 D 1
Idar-Oberstein 29 H 2
Idlib 44 C 2
Iekaterinbourg 30-31 E 12
Ielizavetgrad 30-31 I 8
Iéna 29 G 4
Ienisseï, Fl. 50 B 5
Ienisseysk 50 C 5
Ieysk 30-31 I 9
Ifanadiana 40-41 I 10
Igualada 34 C 9
Ijevsk 30-31 F 11
Ijssel, Riv. 24-25 B 8
Ijsselmeer, Mer 24-25 B 9
Ikaría, Ile 36 E 9
Ilebo 40-41 G 7
Iles Vierges 14 C 6
Iligan 48 F 9
Ill, Riv. 24-25 F 11
Illinois, Etat 14 E 4
Ilmen, Lac 30-31 F 8
Ilo 16 E 2
Ilorin 40-41 E 4
Imola 35 C 3
Imperatriz 16 C 5
Imperia 35 C 1
Imphal 48 C 5
In Salah 40-41 C 4
Inca 16 D 2
Inchon 50 E 9
Indiana, Etat 14 E-F 4
Indianapolis 14 F 4
Indiguirka, Fl. 50 A 8
Indore 48 C 2
Indre, Riv. 24-25 H 6
Indus, Fl. 48 B 2
Ingolstadt 29 I 4
Inhambane 40-41 I 9
Inn 29 J 4-I 5
Innsbruck 29 J 4
Inukjuak 14 C 5
Invercargill 54 F 5
Inverness 28 C 4
Ioánnina 36 E 6
Iochkar-Ola 30-31 F 10
Ionienne, Mer 35 E-G 4-7
Ioniennes, Iles 36 E-F 5-6
Ios, Ile 36 F 8
Ioujno-Sakhalinsk 50 C 10
Iowa, Etat 14 E 4

Ipoh 48 E 5
Ipswich 28 I 7
Iquique 16 E-F 3
Iquitos 16 C 2
Iráklion 36 G 9
Irbid 44 D 3
Iringa 40-41 G 9
Irkoutsk 50 C 6
Irlande, Mer d' 28 G 4
Irrawaddy, Fl. 48 C-D 5
Irtych, Riv. 50 C 4
Irún 34 A 8
Isafjördhur 30-31 A 1
Isère, Riv. 24-25 I 9
Isigny-sur-Mer 24-25 E 4
Isiro 40-41 F 8
Iskenderun 44 C 2
Islamabad 48 A 3
Islay, Ile 28 E 3
Isle, Riv. 24-25 I 5
Ismaïlia 40-41 B 8
Ispahan 44 D 5
Isparta 44 B 2
Issoire 24-25 I 7
Issoudun 24-25 H 6
Issyk-Koul, Lac 50 D 3-4
Istanbul 36 C 8
Istres 24-25 K 9
Itabuna 16 E 6
Itzehoe 29 D 3
Ivangrad 36 C 5
Ivano-Frankovsk 30-31 I 6
Ivanovo 30-31 F 9
Izki 44 G 6
Izmir 44 B 1
Izmit 44 A 2

J

Jabalpur 48 C 3
Jaca 34 B 8
Jackson 14 F 3
Jacksonville 14 G 4
Jaén 34 E 6
Jaffna 48 D 3
Jaipur 48 B 3
Jajce 36 B 4
Jakarta 48 F 6
Jambi 48 F 6
Jambol 36 B 9
James, Baie 14 D 5
Jammerbugt, Baie 29 A 3
Jammu-et-Cachemire, Etat 48 B 3
Jamnagar 48 C 2
Jamshedpur 48 C 4
Janzé 24-25 G 3
Japon, Mer du 50 D 10
Japurá, Fl. 16 C 3
Jarnac 24-25 I 4
Jarvis, Ile 54 C 7
Játiva 34 D 8
Java, Ile de 48 G 6-7
Java, Mer de 48 F 7
Jefferson City 14 F 3
Jekabpils 30-31 F 7
Jeleznodorojnyi 30-31 D 10
Jeleznogorsk 30-31 H 8
Jelgava 30-31 F 7
Jerez de la Frontera 34 F 5
Jerez de los Caballeros 34 E 5
Jersey, Ile 28 K 5
Jérusalem 44 D 2
Jesenice 36 A 2
Jesi 35 D 4
Jiamusi 50 D 9
Jilin 50 D 9
Jinan 50 E 8
Jingmen 50 F 7
Jinsha, Riv. 50 E 6
Jinzhou 50 E 8
Ji-Paraná 16 D 4
Jitomir 30-31 H 7
Jixi 50 D 9
Jodhpur 48 B 2
Jogjakarta 48 G 7
Johannesburg 40-41 I 8
Johnston, Atoll de 54 B 7
Johore Baharu 48 F 6
Joigny 24-25 F 7
Joinville (Brésil) 16 F 5
Joinville (France) 24-25 F 9
Jona 29 J 3
Jönköping 30-31 E 5
Jonquière 14 E 6
Jonzac 24-25 I 4
Josselin 24-25 F 3
Joué-lès-Tours 24-25 G 5
Joukovski 30-31 F 9
Jourdain, Riv. 44 C-D 2
Juan Fernández, Iles 16 H 2
Juazeiro do Norte 16 D 6
Juba 40-41 E 8
Júcar, Fl. 34 D 8
Judenburg 29 J 6
Juiz de Fora 16 E 6
Juliaca 16 E 3
Jullundur 48 B 3
Juneau 14 B 1
Junín 16 H 4
Jura, Détroit de 28 E 3
Jura, Ile 28 E 3
Jurmala 30-31 F 7
Jyväskylä 30-31 D 7

K

Kabinda 40-41 G 7
Kaboul 48 A 2
Kabwe 40-41 H 8
Kachan 44 D 5
Kachgar 50 D 3
Kadievka 30-31 I 9
Kaduna 40-41 E 5
Kafue, Riv. 40-41 H 7
Kaga Bandoro 40-41 E 6

Kagithane 36 C 10
Kagoshima 50 E 9
Kahramanmaras 44 C 3
Kairouan 40-41 B 5
Kaiserslautern 29 H 2
Kakhovka, Rés. de 30-31 I 8
Kalamáta 36 F 7
Kalgoorlie-Boulder 54 E 2
Kaliningrad (Rég. de Kaliningrad) 30-31 G 6
Kaliningrad (Rég. de Moscou) 30-31 F 9
Kalisz 30-31 H 5
Kalmar 30-31 F 5
Kalouga 30-31 G 9
Kalundborg 29 C 4
Kama 40-41 F 8
Kama, Réservoir de 30-31 E 11
Kama, Riv. 30-31 E 11
Kambove 40-41 G 8
Kamenets-Podolski 30-31 I 7
Kamina 40-41 G 7
Kamloops 14 C 2
Kampala 40-41 F 8
Kampen 24-25 B 9
Kampot 48 E 6
Kamychine 30-31 H 10
Kananga 40-41 G 7
Kanazawa 50 D 10
Kandahar 48 A 2
Kandalakcha 30-31 B 8
Kandalakcha, Golfe 30-31 C 8
Kandy 48 E 3
Kangirsuk 14 C 6
Kanjiza 36 A 5
Kankan 40-41 E 2
Kanpur 48 B 3
Kansas City 14 E 3
Kansas, Etat 14 F 3
Kansk 50 C 6
Kaohsiung 50 G 8
Kaolack 40-41 D 1
Kapfenberg 29 J 6
Karachi 48 B 2
Karadj 44 C 5
Karaganda 50 C 4
Karaklis 44 B 4
Karaköse 44 B 4
Karamaï 50 D 4
Karbala 44 D 4
Karchi 50 D 2
Kariba, Lac 40-41 H 8
Karlovac 36 B 3
Karlskrona 30-31 F 5
Karlsruhe 29 H 2
Karlstad 30-31 E 5
Karnataka, Etat 48 D 2
Karpathos 36 F 10
Kars 44 B 4
Karun 44 D 5
Kasaï, Fl. 40-41 G 7
Kasama 40-41 G 8
Kasongo 40-41 F 8
Kásos 36 G 10
Kaspisk 30-31 K 11
Kassala 40-41 D 9
Kassel 29 F 3
Kassimov 30-31 G 9
Kastamonu 44 A 2
Katerini 36 D 7
Katmandou 48 B 4
Katowice 30-31 H 6
Katsina 40-41 D 5
Kaufbeuren 29 J 4
Kaunas 30-31 G 7
Kavadarci 36 D 6
Kavála 36 D 8
Kawasaki 50 E 10
Kayes 40-41 D 2
Kayseri 44 B 3
Kazan 30-31 F 11
Kazerun 44 E 5
Kecskemét 30-31 I 5
Keetmanshoop 40-41 I 6
Keflavik 30-31 B 1
Keighley 28 G 5
Kelang 48 F 6
Kelowna 14 D 2
Kemerovo 50 C 5
Kempten 29 J 3
Kendari 48 F 9
Kenèh 40-41 C 8
Kenema 40-41 E 2
Kenitra 40-41 B 3
Kenora 14 D 4
Kentucky, Etat 14 F 4
Kerala, Etat 48 D 2
Keren 40-41 D 9
Kerkrade 24-25 D 9
Kerman 44 E 6
Kermadec, Iles 54 E 6
Kerman 44 E 6
Kermanchah 44 D 4
Keroulen, Riv. 50 D 7
Kertch 30-31 I 9
Kesan 36 C 9
Ketchikan 14 B 1
Khabarovsk 50 C 9
Khalkis 36 G 8
Khaniá 36 G 8
Khanty-Mansisk 50 B 4
Kharguèh 40-41 C 8
Kharkov 30-31 H 9
Khartoum 40-41 D 8
Kherson 30-31 I 8
Khmelnitski 30-31 I 7
Khodjent 50 D 3
Khomeynichahr 44 D 5
Khoper, 30-31 H 10
Khorramabad 44 D 4
Khorramchahr 44 E 4
Khouribga 40-41 B 3
Khoy 44 B 4
Khulna 48 C 4
Kiel 29 D 4

iel, Baie de 29 D 4	Krementchoug, Rés. de 30-31 I 8	La Souterraine 24-25 H 6	Livingstone 40-41 H 7	Macotera 34 C 6	Mascate 44 F 6
ielce 30-31 H 6	Krems an der Donau 29 I 6	Las Palmas 34 F 10	Livno 36 C 4	Madeira, Fl. 16 C 3-4	Maseru 40-41 J 8
iev 30-31 H 8	Krishna, Fl. 48 C 2	La Spezia 35 C 2	Livny 30-31 H 9	Madère, Île de 34 G 7-8	Masira, Île 44 G 6
iev, Réservoir de 30-31 H 8	Kristiansand 30-31 E 4	Las Vegas 14 F 1	Livourne 35 D 2	Madhya Pradesh, État 48 C 3	Masoka 40-41 F 8
iffa 40-41 D 2	Kristianstad 30-31 F 5	La Tabatière 14 D 7	Lizard, Cap 28 K 4	Madras 48 D 2	Massa 35 C 2
igali 40-41 F 8	Krivoï Rog 30-31 I 8	La Teste-de-Buch 24-25 J 3	Ljubljana 36 A 2	Madre de Dios, Fl. 16 D 3	Massachusetts, État 14 E 6
igoma 40-41 G 8	Krk, Île 36 B 2	Latina 34 E 4	Ljusnan, Fl. 30-31 D 5-6	Madrid 34 C 7	Massaoua 40-41 D 9
ikinda 36 A 5	Kroonstad 40-41 I 8	Lattaquié 44 C 2	Llanes 34 A 6	Madrid, Comm. aut. 34 C 6-7	Masvingo 40-41 H 8
ikwit 40-41 F 8	Kropotkin 30-31 J 10	Laudéac 24-25 F 2	Llívia 34 B 10	Madurai 48 D 2	Matadi 40-41 G 6
ilkenny 28 H 3	Krusevac 36 B 6	Lausanne 29 J 1	Lloydminster 14 C 3	Magadan 50 B 9	Matamoros 14 G 3
illarney 28 H 1	Krymsk 30-31 J 9	Laval (Canada) 14 E 5	Lobito 40-41 G 6	Magdeburg 29 F 4	Mataró 34 C 10
ilmarnock 28 E 4	Kuala Lumpur 48 E 6	Laval (France) 24-25 F 4	Locarno 29 K 3	Maglaj 36 B 4	Matera 35 F 5
imberley 40-41 J 7	Kuala Terengganu 48 E 6	La Valette 35 J 4	Loch Ness, Lac 28 D 4	Magnitogorsk 30-31 F 12	Mato Grosso do Sul, État 16 E 4
ingston 18 H 6	Kuantan 48 E 6	Lavaur 24-25 K 6	Loches 24-25 G 5	Mahajanga 40-41 H 10	Mato Grosso, État 16 D 4
ingman Reef, Île 54 B 7	Kuching 48 F 7	Lavelanet 24-25 K 5	Lockerbie 28 F 5	Mahalapye 40-41 I 7	Maturín 16 A 3
ingston-upon-Hull 28 G 6	Kufa 40-41 D 4	Le Blanc 24-25 H 5	Lodève 24-25 K 7	Maharashtra, État 48 C 2	Maubeuge 24-25 D 8
innairds, Cap 28 C 5	Kufstein 29 J 4	Le Boulou 24-25 L 6	Łódź 30-31 H 6	Mahón 34 D 11	Maubourguet 24-25 K 4
inshasa 40-41 G 6	Kumamoto 50 E 9	Le Bouscat 24-25 J 4	Lofoten, Îles 30-31 B 6	Maidenhead 28 I 6	Maui, Île 54 A 8
irchheim unter Teck 29 I 3	Kumanovo 36 C 6	La Bugue 24-25 J 5	Logone, Fl. 40-41 E 6	Maiduguri 40-41 E 6	Maun 40-41 H 7
irkkale 44 B 2	Kumasi 40-41 E 3	Le Caire 40-41 B 8	Logroño 34 B 7	Maikop 30-31 J 10	Mauriac 24-25 I 7
irkcaldy 28 E 5	Kungsbacka 30-31 E 5	Le Cap 40-41 J 6	Loing, Riv. 24-25 F 7	Main, Riv. 29 H 3	Maurs 24-25 J 7
irkland Lake 14 D 5	Kunming 50 G 6	Lecce 35 G 6	Loir, Riv. 24-25 G 5	Maine, État 14 E 6	Mayen 29 G 2
irklareli 36 C 9	Kupang 48 G 9	Lecco 35 C 2	Loire, Fl. 24-25 G 4, I 8	Mainland (Orcades), Île 28 B 5	Mayence 29 H 2
irkuk 44 C 4	Kuressaare 30-31 E 6	Le Chambon-sur-Lignon 24-25 I 8	Lolland, Île 29 D 4	Mainland (Shetland), Île 28 B 7	Mayenne 24-25 F 4
irkwall 28 B 5	Kut 44 D 4	Le Cheylard 24-25 J 8	Lomani 40-41 F-G 7	Maintenon 24-25 F 6	Mayenne, Riv. 24-25 F-G 4
irovo-Tchepetsk 30-31 E 11	Kütahya 44 B 2	Le Creuzot 24-25 H 8	Lombok, Île 48 G 8	Majeur, Lac 35 B 2	Mayotte, Île de 40-41 H 10
isangani 40-41 F 7	Kuujjuaq 14 C 6	Le Crotoy 24-25 D 6	Lomé 40-41 E 4	Majorque, Île de 34 C 10	Mazar-e Charif 48 A 2
islovodsk 30-31 I 10	Kwango 40-41 F 6	Le Dorat 24-25 H 5	Lomma 30-31 G 6	Majuro 54 B 5	Mazatlán 14 G 2
ismaayo 40-41 F 10	Kwangju 50 E 9	Leduc 14 C 2	London 14 E 5	Makeievka 30-31 I 9	Mbabane 40-41 I 8
isumu 40-41 F 9	Kwilu 40-41 G 6	Leeds 28 G 5	Londonderry 28 F 3	Makhatchkala 30-31 J 11	Mbaiki 40-41 F 6
itakyushu 50 E 9	Kyoto 50 E 10	Leer 29 E 2	Londres 28 I 6	Malabo 40-41 F 5	Mbalane 40-41 I 8
itale 40-41 J 7	Kyushu, Île de 50 E 9-10	Leeuwin, Cap 54 E 1	Londrina 16 F 5	Malacca, Détroit 48 E 5	Mbale 40-41 F 9
itchener 14 E 5	Kyzyl 50 C 6	Le Faouët 24-25 F 2	Long Xuyen 48 E 6	Málaga 34 F 6	Mbalmayo 40-41 F 5
itimat 14 C 1	Kzyl-Orda 50 C 2	Le Havre 24-25 E 5	Longwy 24-25 E 9	Malakal 40-41 E 8	Mbandaka 40-41 F 6
ithnos 36 D 6		Le Helder 24-25 A 8	Lons-le-Saunier 24-25 H 9	Malang 48 G 7	Mbarara 40-41 F 8
itwe 40-41 H 8	━━━ L ━━━	Leibnitz 29 K 6	Loop, Cap 28 H 1	Malanje 40-41 G 6	Mbeya 40-41 G 9
iukiu 44 C 4	La Baule-Escoublac 24-25 G 2	Leicester 28 H 6	Lopez, Cap 40-41 F 6	Mälaren 30-31 E 5	Mbini 40-41 F 5
izilirmak, Fl. 44 A-B 2	Labé 40-41 E 2	Leipzig 29 G 5	Lorca 34 E 7	Malatya 44 B 3	Mbomou, Riv. 40-41 E 7
justendil 36 C 7	Labinsk 30-31 J 10	Leiria 34 D 4	Lorde Howe, Île 54 E 5	Malawi, Lac 40-41 H 9	Mbuji-Mayi 40-41 G 7
lagenfurt 29 K 5	La Bourboule 24-25 I 7	Lek, Riv. 24-25 B 8	Lorgues 24-25 K 10	Malayer 44 D 5	Meadow Lake 14 C 3
lainerda 30-31 H 6	Labrador, État 14 D 6-7	Le Lavandou 24-25 K 10	Lorient 24-25 G 2	Male 48 E 1	Meaux 24-25 F 7
lamath Falls 14 E 1	Lacanau-Océan 24-25 I 3	Lelystad 24-25 B 9	Lorn, Estuaire de 28 E 3	Malin, Cap 28 E 3	Mechhed 44 C 7
laruksen, Fl. 30-31 D 5	La Carolina 34 B 4	Léman, Lac 24-25 H 10	Los Angeles (Chili) 16 H 3	Malindi 40-41 F 9	Mecklembourg, Baie de 29 D 4
ljuc 36 B 3	Lacaune 24-25 K 7	Le Mans 24-25 F 5	Los Angeles (É.-U.) 14 F 1	Malines 24-25 D 9	Mecklembourg-Poméranie-Occid., État 29 D-E 5
losterneuburg 29 I 7	La Chapelle-St-Luc 24-25 F 8	Le Mont-Dore 24-25 I 7	Lot, Riv. 24-25 J 6	Malmédy 24-25 D 9	Medan 48 E 5
nin 30-31 F 9	La Chapelle-sur-Erdre 24-25 G 3	Le Mont-St-Michel 24-25 F 3	Loubomo 40-41 G 5	Malmö 30-31 F 5	Medellín 16 B 2
nittelfeld 29 I 5	La Charité-sur-Loire 24-25 G 7	Lena, Fl. 50 B-C 7	Loudun 24-25 H 5	Malte, Détroit de 35 J 4	Medford 14 E 1
obdo 50 D 5	La Châtaigneraie 24-25 H 4	Lenkoran 44 C 5	Loué 24-25 G 5	Malte, Île 35 J 4	Medicine Hat 14 D 1
obe 50 E 10	La Châtre 24-25 H 6	Lens 24-25 D 7	Louga 40-41 D 1	Mamers 24-25 F 5	Medina del Campo 34 C 6
ocani 36 C 7	La Chaux-de-Fonds 29 J 2	León (Espagne) 34 B 6	Lougansk 30-31 I 9	Mamoré, Fl. 16 D-E 3	Medine 44 F 3
ohtla-Järve 30-31 E 7	La Ciotat 24-25 K 9	León (Mexique) 14 H 2	Lough Corrib, Lac 28 G 2	Man 40-41 E 3	Médinet-el-Fayoum 40-41 B 8
okchetav 50 C 3	La Clusaz 24-25 I 10	Leoben 29 J 6	Lough Derg, Lac 28 H 2	Man, Île de 28 G 4	Medjouretchensk 50 C 5
olding 29 C 3	La Coruña 34 A 4	Le Palais 24-25 G 2	Lough Erne, Lac 28 F 3	Manacor 34 D 10	Mednogorsk 30-31 G 12
olguouiev, Île 30-31 A-B 10	Ladoga, Lac 30-31 D-E 8	Le Pirée 36 E 8	Lough Mask, Lac 28 G 2	Manado 48 F 8	Meerut 48 B 3
olhapur 48 C 2	Laesø, Île 29 A 4	Le Puy-en-Velay 24-25 J 8	Lough Neagh, Lac 28 F 3	Managua 14 I 3	Megève 24-25 I 10
olobrzeg 30-31 G 5	La Ferté-Bernard 24-25 F 5	Lérida 34 C 9	Lough Ree, Lac 28 G 2	Manama 44 F 5	Meghalaya, État 48 C 4-5
olomna 30-31 G 9	La Ferté-Macé 24-25 F 4	Lerwick 28 B 7	Louhans 24-25 H 9	Mananara 40-41 H 11	Meiningen 29 G 4
olpino 30-31 E 8	La Flèche 24-25 G 5	Les Andelys 24-25 E 6	Louisiane, État 14 G 3	Manaus 16 C 4	Meissen 29 G 5
olwesi 40-41 G 7	Lages 16 F 5	Lesbos, Île 36 D 9	Louisville 14 F 4	Manchester 28 G 5	Meknès 40-41 B 3
omotini 36 D 6	Lagnieu 24-25 I 9	Leshan 50 F 7	Lourdes 24-25 K 4	Mandalay 48 C 5	Mékong, Fl. 48 C 6
omsomolsk-sur-l'Amour 50 C 9	Lagos (Nigeria) 40-41 E 4	Les Herbiers 24-25 H 4	Loutsk 30-31 H 7	Manfredonia 35 F 5	Melbourne 54 E 4
ondoz 48 A 2	Lagos (Portugal) 34 E 4	Les Sables-d'Olonne 24-25 H 3	Louvain 24-25 D 8	Mangai 40-41 F 6	Melitopol 30-31 J 8
ongolo 40-41 G 8	La Grande 14 D 1	Leskovac 36 C 6	Lovat, Riv. 30-31 F 8	Mangalore 48 D 2	Melk 29 I 6
onin 30-31 F 9	La Grande-Motte 24-25 K 8	Lesparre-Médoc 24-25 I 4	Lovec 36 B 8	Mangareva, Île 54 D 9	Melle (Allemagne) 29 F 3
onjic 36 C 4	La Hague, Cap de la 24-25 E 3	Letchworth 28 I 6	Lowestoft 28 H 7	Manicoré 16 C 4	Melle (France) 24-25 H 4
onya 44 B 2	La Havane 14 H 4	Le Touquet 24-25 D 6	Loznica 36 B 5	Manicouagan, Rés. de 14 D 6	Melo 16 G 5
opavogur 30-31 B 1	La Haye 24-25 B 8	Le Tréport 24-25 D 6	Lualaba, Fl. 40-41 F 7	Manille 48 D 8	Melun 24-25 F 7
opeisk 50 B 3	Lahore 48 B 3	Leucade, Île 36 E 6	Luanda 40-41 G 6	Manipur, État 48 C 5	Memmingen 29 I 3
oper 36 B 2	Lahr 29 I 2	Leucate 24-25 L 7	Luang Prabang 48 D 6	Manisa 44 B 1	Memphis 14 F 4
oprivnica 36 A 3	Lahti 30-31 E 7	Leverkusen 29 G 2	Luangwa, Fl. 40-41 G-H 8	Manitoba, État 14 C 4	Mende 24-25 J 8
orce 25 D 6	Laï 40-41 E 6	Le Vigan 24-25 K 8	Luanshya 40-41 H 8	Manizales 16 B 2	Mendoza 16 G 3
orcula, Île 36 C 4	L'Aigle 24-25 F 5	Lewis, Île 28 C 3	Lubango 40-41 H 6	Mannheim 29 H 3	Menen 24-25 D 7
orhogo 40-41 E 3	L'Aiguillon-sur-Mer 24-25 H 3	Leyde 24-25 B 8	Lubbock 14 F 2	Manosque 24-25 K 10	Mentawai, Détroit des 48 F 5
oror 54 B 3	La Louvière 24-25 D 8	Leyte, Île de 48 D-E 9	Lübeck 29 F 4	Manresa 34 B 10	Menton 24-25 K 11
orsør 29 C 4	Lambaréné 40-41 F 5	Lézignan-Corbières 24-25 K 7	Lublin 30-31 H 6	Mansa 40-41 G 8	Meppen 29 E 2
ós, Île 36 F 10	La Mecque 44 G 3	Lhassa 50 F 5	Lubumbashi 40-41 G 8	Mansfield 28 H 6	Mer 24-25 G 6
osice 30-31 I 6	Lamia 36 E 7	L'Hospitalet de Llobregat 34 C 10	Lucena (Espagne) 34 E 6	Mansourah 40-41 B 8	Merano 35 A 3
osovo, Prov. du 36 C 6	Lamotte-Beuvron 24-25 G 6	Liao, Fl. 50 D-E 8	Lucena (Philippines) 48 D 8	Manta 16 C 1	Mercedes 16 G 4
osti 40-41 D 8	Lampedusa, Île 35 J 3	Liaocheng 50 E 8	Lucerne 29 J 3	Mantes-la-Jolie 24-25 E 6	Mergui 48 D 5
oszalin 30-31 G 5	La Mure 24-25 J 10	Liaoyuan 50 D 9	Luckenwalde 29 F 5	Mantoue 35 C 3	Méricourt 24-25 D 7
ota 48 B 2	Lancaster 28 G 5	Liberator Grl. San Martín 16 F 3	Lucknow 48 B 3	Manukau 54 E 6	Mérida (Espagne) 34 D 5
ota Baharu 48 E 6	Land's End, Cap 28 J 3	Liberec 30-31 H 6	Luçon 24-25 H 4	Manzanares 34 D 7	Mérida (Mexique) 14 H 3
ota Kinabalu 48 E 8	Landau in der Pfalz 29 H 2	Libourne 24-25 J 4	Luçon, Île de 48 D 8-9	Manzanillo 14 H 2	Mérida (Venezuela) 16 A 2
öthen 29 F 4	Landeck 29 J 4	Libreville 40-41 F 5	Lucques 35 D 3	Maputo 40-41 I 8	Mérignac 24-25 J 4
otouy, Fl. 50 A 6	Landerneau 24-25 F 1	Lichinga 40-41 H 9	Lüderitz 40-41 I 6	Maqalié 40-41 D 9	Mersin 44 C 2
otovsk 30-31 H 10	Landivisiau 24-25 F 1	Lichuan 50 F 7	Ludhiana 48 B 3	Marabá 16 C 5	Messine 35 H 5
otte 48 E 2	Landshut 29 I 4	Lida 30-31 G 7	Ludwigshafen 29 H 3	Maracaibo 16 A 2	Messine, Détroit de 35 H 5
oudougou 40-41 E 3	Langeac 24-25 I 8	Liège 24-25 D 9	Luena 40-41 G 7	Maracay 16 A 3	Mestre 35 B 3
oufra 40-41 C 7	Langeland, Île 29 C 4	Lienz 29 J 5	Lugano 29 K 3	Maradi 40-41 E 5	Metz 24-25 E 10
oulebaki 30-31 F 10	Langenthal 50 E 8	Liepaja 30-31 F 6	Luleå 30-31 C 7	Marajó, Île de 16 C 5	Meurthe, Riv. 24-25 F 10
oumachiri, Île 50 C 10	Langon 24-25 J 4	Liévin 24-25 D 7	Luleälv, Fl. 30-31 B-C 7	Maranhão, État 16 C 5	Meuse, Fl. 24-25 C-E 9
ounachiri 44 B 4	Langres 24-25 G 9	Ligne, Îles de la 54 C 8	Lulua, Fl. 40-41 G 7	Marañón, Fl. 16 D 2	Mexicali 14 F 1
oungour 50 B 3	Lannemezan 24-25 K 5	Ligurienne, Mer 35 C 2	Lumbo 40-41 H 10	Marans 24-25 H 4	Mexico 14 H 2
ourou 16 B 5	Lannion 24-25 F 2	Likasi 40-41 G 8	Lund 30-31 F 5	Marbella 34 F 6	Mezen, Fl. 30-31 C 10
oursk 30-31 H 9	La Nouvelle-Orléans 14 G 3	Lille 24-25 D 7	Lüneburg 29 F 4	Marburg 29 G 3	Miami 14 G 4
oustanai 50 C 3	Lansing 14 E 4	Lillehammer 30-31 D 5	Lunel 24-25 K 8	Marche-en-Famenne 24-25 D 9	Mianyang 50 F 6
outaissi 44 A 4	Lanxi 50 F 8	Lillestrøm 30-31 D 5	Lunéville 24-25 F 10	Marcigny 24-25 H 8	Miass 30-31 F 12
ouvola 30-31 E 7	Lanzarote, Île de 34 E 11	Lilongwe 40-41 H 8	Luoyang 50 E 7	Mar del Plata 16 H 4	Michigan, État 14 E 4
ouznetsk 30-31 G 10	Lanzhou 50 E 6	Lima 16 D 2	Lure 24-25 G 10	Marennes 24-25 I 4	Michigan, Lac 14 E 4
oweit 44 E 4	Laon 24-25 E 8	Limassol 44 C 2	Lusaka 40-41 H 8	Margate 28 I 7	Middelburg (Afr. du Sd) 40-41 J 7
ozáni 36 D 6	La Oraya 16 C 3	Limerick 28 H 2	Lusignan 24-25 H 5	Marianne, Îles 54 B 4	Middelburg (Pays-Bas) 24-25 C 8
ozhikode 48 D 2	La Palma, Île de 34 E 9	Límnos, Île 36 D 8	Luton 28 I 6	Maribor 36 A 3	Middelkerke 24-25 C 7
ragujevac 36 B 5	La Paz (Bolivie) 16 E 3	Limoux 24-25 K 7	Luxembourg 24-25 E 10	Marica, Fl. 36 C 8	Middlesbrough 28 F 6
raljevo 36 B 5	La Paz (Mexique) 14 G 1	Limpopo, Fl. 40-41 I 8	Luxeuil-les-Bains 24-25 G 10	Marignane 24-25 K 9	Midway, Île 54 A 6
ramatorsk 30-31 I 9	La Plata 16 H 4	Linares 34 E 6	Lvov 30-31 H 6	Marília 16 F 5	Mieres 34 A 6
ranj 36 A 2	Lappeenranta 30-31 D 7	Linchuan, 50 F 8	Lyme, Baie de 28 J 5	Maringá 16 F 5	Mihajlovgrad 36 B 7
rasnoarmeysk 30-31 H 10	Laquedives, Îles 48 D 2	Lincoln (É.-U.) 14 E 3	Lynn Lake 14 C 4	Marioupol 30-31 I 9	Mikhaïlovka 30-31 H 10
rasnodar 30-31 J 9	L'Aquila 35 E 4	Lincoln (R.-U.) 28 H 6	Lysva 30-31 E 12	Marka 40-41 F 10	Mikkeli 30-31 D 7
rasnoïarsk 50 C 5	Laredo 34 A 7	Lindi 40-41 H 9		Marmande 24-25 J 5	Mikonos 36 F 9
rasnokamensk 50 D 7	Largentière 24-25 J 8	Lingen 29 E 2	━━━ M ━━━	Marmara, Mer de 36 C 10	Milan 35 B 2
rasnokamsk 30-31 E 11	La Rioja 16 G 3	Linköping 30-31 E 5	Ma'an 44 D 2	Marne, Riv. 24-25 E 8	Milford Haven 28 I 4
rasnoturinsk 50 B 3	La Rioja, Comm. aut. 34 B 7	Linosa, Île 35 J 4	Maastricht 24-25 D 9	Marolambo 40-41 H 11	Millau 24-25 J 7
rasnovodsk 50 C 1	Lárisa 36 E 7	Linz 29 I 5	Macao 50 G 8	Marondera 40-41 H 8	Millerovo 30-31 I 10
rasnyï Loutch 30-31 I 9	La Roche-sur-Yon 24-25 H 3	Lipari, Île 35 H 5	Macapá 16 C 5	Maroua 40-41 E 6	Milos, Île 36 F 8
rémentchoug 30-31 I 8	La Rochefoucauld 24-25 I 5	Lipetsk 30-31 H 9	Macduff 28 C 5	Marquises, Îles 54 C 9	Milton Keynes 28 I 6
	La Rochelle 24-25 H 4	Lisbonne 34 D 4	Maceió 16 C 1	Marrakech 40-41 B 3	Milwaukee 14 E 4
	La Roda 34 D 7	Lisburn 28 F 3	Macerata 35 D 4	Marsala 35 H 3	Mimizan 24-25 J 3
	Las Cruces 14 F 2	Lisieux 24-25 F 5	Machala 16 C 1	Marseille 24-25 K 9	Minas Gerais, État 16 E 5-6
	La Serena 16 G 2	Lissitchansk 30-31 I 9	Machanga 40-41 I 9	Martigny 29 K 2	Mindanao, Île de 48 E 9
	La Seyne-sur-Mer 24-25 K 10	Little Rock 14 F 3	Mackay 16 F 5	Martigues 24-25 K 9	Mindoro, Île de 48 D 8
		Liuzhou 50 G 7	Mackenzie, Fl. 14 A 2	Martin 30-31 H 5	Mineralnie Vody 30-31 J 10
		Liverpool 28 G 5	Mâcon 24-25 H 9	Marvejols 24-25 J 7	Minguetchaour 44 B 4
				Mary 50 D 2	Minho, Fl. 34 B 4
				Maryland, État 14 F 5	Minïeh 40-41 C 8
				Masbate 48 D 9	

Minneapolis, 14 E 4
Minnesota, État 14 E 3-4
Minorque, Ile de 34 D 11
Minot 14 D 3
Minoussinsk 50 C 5
Mira 34 E 4
Miramas 24-25 K 9
Miramont-de-Guyenne 24-25 J 5
Mirande 24-25 K 5
Mirandela 34 C 5
Miranda de Ebro 34 B 7
Mirepoix 24-25 K 6
Miskolc 30-31 I 6
Misourata 40-41 B 6
Mississippi, État 14 F 4
Mississippi, Fl. 14 F 3
Missoula 14 D 1
Missouri, État 14 F 3
Missouri, Riv. 14 D 3
Mistelbach an der Zaya 29 I 7
Mitchourinsk 30-31 G 9
Mitú 16 B 3
Mizen, Cap 28 I 1
Mizoram, État 48 C 5
Mljet 36 C 4
Mobutu, Lac 40-41 F 8
Mochudi 40-41 I 7
Modane 24-25 I 10
Modène 35 C 3
Modica 35 I 4
Modrica 36 B 4
Mogadiscio 40-41 F 10
Moguer 34 E 5
Moguilev 30-31 G 8
Moirans-en-Montagne 24-25 H 9
Moissac 24-25 J 5
Mojácar 34 E 8
Mojga 30-31 F 11
Molde 30-31 C 5
Molfetta 35 F 5
Molina de Aragón 34 C 8
Mölndal 30-31 E 5
Molodetchno 30-31 G 7
Molsheim 24-25 F 11
Moluques, Iles 48 E-F 9-10
Mombasa 40-41 F 9
Møn, Ile 29 C 5
Monaco 24-25 K 11
Monaghan 28 F 3
Moncalieri 35 C 1
Mönchengladbach 29 G 2
Monclova 14 G 2
Moncton 14 E 6
Monforte de Lemos 34 B 5
Monistrol-sur-Loire 24-25 I 8
Monopoli 35 F 6
Monrovia 40-41 E 2
Mons 24-25 D 8
Montalbán, 34 C 8
Montana, État 14 D 3
Montargis 24-25 F 7
Montataire 24-25 E 6
Montauban 24-25 K 6
Montbard 24-25 G 8
Montbéliard 24-25 G 10
Montbrison 24-25 I 8
Montceau-les-Mines 24-25 H 8
Montchegorsk 30-31 B 8
Mont-de-Marsan 24-25 K 4
Montdidier 24-25 E 7
Montélimar 24-25 J 9
Monténégro, Rép. 36 C 5
Montereau-Fault-Yonne 24-25 F 7
Montería 16 A 2
Montero 16 E 3
Monterrey 14 G 2
Montes Claros 16 E 6
Montevideo 16 H 4
Montgomery 14 F 4
Montguyon 24-25 I 4
Monthey 29 K 2
Montignac 24-25 I 6
Montluçon 24-25 H 7
Montmorency 24-25 E 7
Montmorillon 24-25 H 5
Montmoront 24-25 H 9
Montpelier 14 E 5
Montpellier 24-25 K 8
Montréal 14 E 5
Montreuil 24-25 D 6
Montreux 29 K 2
Montron-Ménestérol 24-25 I 5
Montrose 28 D 5
Montserrat, Ile 14 I 6
Monywa 48 C 5
Monza 35 B 2
Moosonee 14 D 5
Mopti 40-41 D 3
Mora 34 D 5
Morava, Fl 36 B-C 6
Moray, Estuaire de 28 C 4-5
Morcenx 24-25 J 4
Mordelles 24-25 F 3
Morelia 14 H 2
Morges 29 J 1
Morogoro 40-41 G 9
Mörön 50 D 6
Moroni 40-41 G 10
Morpeth 28 E 5
Mørs, Ile 29 B 3
Mortagne-au-Perche 24-25 F 5
Morte, Mer 44 D 2
Morteau 24-25 G 10
Moscou 30-31 F 9
Moselle, Riv. 24-25 E 9
Moshi 40-41 F 9
Mossoró 16 E 6
Mossoul 44 C 3
Mostaganem 40-41 B 4
Mostar 36 C 4
Móstoles 34 C 6
Motherwell 28 E 4
Motilla del Palancar 34 D 7
Motril 34 F 7

Mouila 40-41 F 5
Moulins 24-25 H 7
Moulmein 48 D 6
Moundou 40-41 E 6
Moura 34 E 4
Mourenx 24-25 K 4
Mourmansk 30-31 B 8
Mourom 30-31 F 10
Moûtiers 24-25 I 10
Mozambique, Canal 40-41 H 10
Mozyr 30-31 H 7
Mualama 40-41 H 9
Mudanjiang 50 D 9
Mühlhausen 29 G 4
Mulhouse 24-25 G 11
Mull, Ile 28 D 3
Mullingar 28 G 2
Multan 48 B 2
Münden 29 F 3
Munich 29 I 4
Münster 29 F 2
Muntok 48 F 6
Mur, Riv. 29 J 6
Murat 24-25 I 7
Murcie 34 E 8
Murcie, Comm. aut. 34 E 8
Mures, Riv. 30-31 J 6
Murska 36 A 4
Mürzzuschlag 29 J 6
Mwanza 40-41 F 9
Mweru, Lac 40-41 G 8
Myitkyina 48 C 5
Myons 24-25 J 9
Mysore 48 D 2
Mytilène 36 D 6
Mzuzu 40-41 G 9

N

Naas 28 G 3
Naberejnie Tchelny 30-31 F 11
Nadjaf 44 D 4
Næstved 29 C 4
Nagaland,État 48 C 5
Nagasaki 50 E 9
Nagoya 50 E 10
Nagpur 48 C 3
Nain 14 C 7
Nairobi 40-41 F 9
Najafabad 44 D 5
Nájera 34 B 7
Nakhitchevan 44 B 4
Nakhodka 50 D 9
Nakhon Ratchasima 48 D 6
Nakhon Si Thammarat 48 E 5
Nakskov 29 C 4
Nakuru 40-41 F 9
Naltchik 30-31 K 10
Nam Dinh 48 C 6
Namangan 50 D 3
Namibe 40-41 H 5
Nampula 40-41 H 9
Nanaimo 14 D 1
Nanchang 50 F 8
Nancy 24-25 F 10
Nankin 50 F 8
Nanning 50 G 7
Nanterre 24-25 F 6
Nantes 24-25 G 3
Nantua 24-25 H 9
Nanyang 50 F 7
Nao, Cap de la 34 D 9
Naples 35 F 4
Naplouse 44 D 2
Nagamié 40-41 E 9
Narbonne 24-25 K 7
Narian-Mar 30-31 B 10
Narmada, Fl. 48 C 2
Narva 30-31 E 7
Nashville 14 F 4
Nasice 36 A 4
Nasik 48 C 2
Nasiriyya 44 D 4
Nassau 14 G 4
Nasser, Lac 40-41 C 8
Natal 14 E 6
Naumburg 29 G 4
Navarre, Comm. aut. 34 B 7-8
Náxos, Ile 36 F 9
Nazaré 34 D 4
Nazca 16 E 2
Nazret 40-41 E 9
N'Djamena 40-41 E 6
Ndola 40-41 H 8
Nebit-Dag 50 D 1
Nebraska, État 14 E 3
Necochea 16 H 4
Neftekamsk 30-31 F 11
Negotin 36 B 6
Negros, Ile 48 E 9
Neiva 16 B 2
Nelson, Riv. 14 C 4
Néma 40-41 D 3
Nemours 24-25 F 7
Nen, Riv. 50 D 8
Nérac 24-25 J 5
Néris-les-Bains 24-25 H 7
Nerva 34 E 5
Neryoungri 50 C 8
Neskaupstadhur 30-31 B 3
Netanya 44 D 2
Neubrandenburg 29 E 5
Neuchâtel 29 J 2
Neuchâtel-en-Bray 24-25 E 6
Neufchâteau (Belgique) 24-25 E 9
Neufchâteau (France) 24-25 F 9
Neumünster 29 D 4
Neunkirchen (Allemagne) 29 H 2
Neunkirchen (Autriche) 29 J 6
Neuquén 16 H 3
Neuss 29 F 2
Neustadt am Rübenberge 29 E 3
Neustrelitz 29 E 5
Neuwied 29 G 2

Nevada, État 14 E 1
Nevers 24-25 G 7
Nevinnomyssk 30-31 J 10
New Amsterdam 16 B 4
Newark-on-Trent 28 H 6
Newburn 28 F 5
Newbury 28 H 5
Newcastle 54 E 4
Newcastle upon Tyne 28 F 5
New Delhi 48 B 3
New Hampshire, État 14 E 5
New Jersey, État 14 E 5
Newport (Angleterre) 28 J 6
Newport (Pays de Galles) 28 I 5
Newry 28 G 3
New York 14 E 5
New York, État 14 E 5
Ngaoundéré 40-41 E 6
Nha Trang 48 D 7
Niamey 40-41 D 4
Nias, Ile 48 F 5
Nicastro-Sambiase 35 H 5
Nice 24-25 K 11
Nichapur 44 C 6
Nicobar, Iles 48 E 4
Nicosie 44 C 2
Niémen, Fl. 30-31 G 7
Nienburg 29 E 3
Nieuw-Nickerie 16 B 4
Niger, Fl. 40-41 D-E 4
Niigata 50 D 10
Nijnekamsk 30-31 F 11
Nijnevartovsk 50 B 4
Nijni Novgorod 30-31 F 10
Nijni Novgorod, Rés. 30-31 F 10
Nijni Taguil 50 B 3
Nikolaïev 30-31 J 8
Nikopol 30-31 I 8
Niksic 36 C 5
Nil Blanc, Fl. 40-41 E 8
Nil Bleu, Fl. 40-41 D 9
Nil, Fl. 40-41 C 8
Nîmes 24-25 K 8
Ninove 24-25 D 8
Niort 24-25 H 4
Nis 36 B 6
Nissan, Baie 29 B 3
Nitra 30-31 I 5
Niue, Ile 54 D 9
Nkayi 40-41 G 6
N'Kongsambo 40-41 E 5
Nogent-le-Rotrou 24-25 F 5
Nogent-sur-Oise 24-25 E 7
Nogent-sur-Seine 24-25 F 7
Noginsk 30-31 F 9
Noiabrsk 50 B 4
Noirmoutier-en-l'Ile 24-25 G 3
Noire, Mer 30-31 K 8-9
Nontron 24-25 I 5
Noranda 14 D 5
Nord, Canal du 28 F 3-4
Nord, Cap 30-31 A 7
Nord, Ile du 54 E 6
Nordenham 29 E 3
Nordhausen 29 F 4
Nordhorn 29 E 2
Nord-Ouest, Cap 54 D 1
Norfolk 28 H 6
Norfolk, Ile 54 E 5
Norilsk 50 A 5
Norrköping 30-31 E 6
Northallerton 28 F 6
Northampton 28 H 6
North Battleford 14 C 3
North Bay 14 E 5
North Uist, Ile 28 C 3
Norvège, Mer de 30-31 B-C 4-5
Norway House 14 C 4
Norwich 28 H 7
Nottingham 28 H 6
Nouadhibou 40-41 C 1
Nouakchott 40-41 D 1
Noukous 50 C 2
Nouméa 54 D 5
Nouveau Brunswick, État 14 E 6
Nouveau-Mexique, État 14 F 2
Nouvelle-Bretagne, Ile 54 C 4
Nouvelle-Calédonie, Ile 54 D 5
Nouvelle-Ecosse, État 14 E 6
Nouvelle-Guinée, Ile 54 C 3-4
Nouvelle-Irlande, Ile de la 54 C 4
Novare 35 B 2
Novgorod 30-31 E 8
Novi Pazar 36 C 6
Novi Sad 36 A 5
Novokouybychevsk 30-31 G 11
Novokouznetsk 50 C 5
Novo Mesto 36 A 3
Novomoskovsk 30-31 G 9
Novopolotsk 30-31 F 7
Novorossisk 30-31 J 9
Novossibirsk 50 C 4
Novotcheboksarsk 30-31 F 10
Novotcherkassk 30-31 I 9
Novozybkov 30-31 G 8
Noyon 24-25 E 7
Nuevo Laredo 14 G 2
Nukualofa 54 D 6
Nuoro 35 F 2
Nuremberg 29 H 4
Nvelle-Galles du Sud,État 54 E 4
Nyala 40-41 E 7
Nyíregyháza 30-31 I 6
Nykøbing 29 D 4
Nyon 29 K 1

O

Oahu, Ile 54 A 8
Oakland 14 E 1
Oaxaca 14 H 3
Ob, Fl. 50 B 4-C 5
Oberursel 29 G 3
Objat 24-25 I 6
Obninsk 30-31 G 9
Obo 40-41 E 7
Och 50 D 3
Octeville 24-25 E 3
Odemira 34 E 4
Odense 29 C 4
Oder, Fl. 30-31 G 5
Odessa 30-31 J 8
Offenbach 29 H 3
Offenburg 29 I 2
Ogbomosho 40-41 E 4
Ogooué, Fl. 40-41 F 6
Ogre 30-31 F 7
Ohio, État 14 E-F 4
Ohrid 36 D 6
Oise, Riv. 24-25 E 7
Oka, Riv. 30-31 G 9-F 10
Okayama 50 E 10
Okhotsk 50 B 9
Okhotsk, Mer d' 50 B 9-10
Okinawa 50 F 9
Oklahoma City 14 F 3
Oklahoma, État 14 F 3
Oktiabrski 30-31 F 12
Oland, Ile 30-31 F 5-6
Olavarría 16 H 4
Olbia 24-25 F 2
Oldenburg 29 E 3
Olenek, Fl. 50 A 6-7
Oléron, Ile d' 24-25 I 3
Olgi 50 D 5
Olifants, Fl. 40-41 I 8
Olite 34 B 8
Olivenza 34 D 5
Olivet 24-25 G 6
Olomouc 30-31 H 5
Oloron-Ste-Marie 24-25 K 4
Olot 34 B 10
Olsztyn 30-31 G 6
Olt, Riv. 30-31 J 6
Olten 29 J 2
Olympia 14 D 1
Omaha 14 E 3
Oman, Golfe d' 44 F 6-7
Omdurman 40-41 D 8
Omsk 50 C 4
Onega, Baie de l' 30-31 C 8
Onega, Fl. 30-31 D 9
Onega, Lac 30-31 D 8
Onitsha 40-41 E 5
Ontario, État 14 D 4
Ontario, Lac 14 E 5
Opava 30-31 H 5
Opole 30-31 H 5
Oradea 30-31 I 6
Oran 40-41 B 4
Orange 24-25 J 9
Orange, Fl. 40-41 J 6
Orcades, Iles 28 B 5
Orcha 30-31 G 8
Ordu 44 B 3
Örebro 30-31 E 5
Oregon, État 14 D 1
Orekhovo-Zuyevo 30-31 F 9
Orel 30-31 G 9
Orem 14 E 2
Orenbourg 30-31 G 12
Orénoque, Fl. 16 B 3
Orense 34 B 4
Orihuela 34 E 8
Orissa, État 48 C 3
Oristano 35 G 1
Orizaba 14 H 3
Orléans 24-25 G 6
Ormuz, Détroit d' 44 F 6
Ornans 24-25 G 10
Ornsköldsvik 30-31 D 6
Orsk 30-31 G 13
Ortigueira 34 A 4
Oruro 16 F 3
Ouroumtsi 50 D 5
Ouroup, Ile 50 C 10
Ouryoupinsk 30-31 H 10
Ouse, Fl. 28 G 5

Oust-Kamenogorsk 50 C 4
Oust-Ordynski 50 C 6
Ouzlovaia 30-31 G 9
Ovalle 16 G 3
Oviedo 34 A 5
Owando 40-41 F 6
Oxford 28 I 6
Oyem 40-41 F 5
Oyonnax 24-25 H 9

P

Padang 48 F 5
Padangsidempuan 48 F 5
Paderborn 29 F 3
Padoue 35 B 3
Pag, Ile 36 B 2
Paimpol 24-25 F 2
Paisley 28 E 4
Pakanbaru 48 F 6
Pakse 48 D 6
Palana 50 A 10
Palavas-les-Flots 24-25 K 8
Palawan, Ile 48 E 8
Palembang 48 F 6
Palerme 35 H 4
Palikir 54 B 4
Palma 34 D 10
Palmas 16 E 5
Palmerston North 54 E 6
Palmyra, Ile 54 B 7
Palos, Cap de 34 E 8
Pamiers 24-25 K 6
Pampelune 34 B 8
Panamá 14 I 4
Panay, Ile 48 D-E 9
Pancevo 36 B 5
Panevezis 30-31 F 7
Pantelleria, Ile 35 I 3
Papeete 54 D 8
Pará, État 16 C 5
Paracin 36 B 6
Paraguay, Fl. 16 F 4
Paraiba, État 16 D 6
Parakou 40-41 E 4
Paramaribo 16 B 4
Paramouchir, Ile de 50 B 10
Paraná 16 F 4
Paraná, Fl. 16 F 5
Paraná, État 16 F 5
Paray-le-Monial 24-25 H 8
Pardubice 30-31 H 5
Parepare 48 F 8
Parintins 16 C 4
Paris 24-25 F 7
Parme 35 C 2
Parnaíba 16 C 6
Pärnu 30-31 E 7
Páros, Ile 36 F 9
Parthenay 24-25 H 4
Pas de Calais, Détroit 24-25 C 6
Passau 29 I 5
Passo Fundo 16 G 5
Pasto 16 B 2
Paterna 34 D 8
Patna 48 C 4
Patras 36 F 7
Pau 24-25 K 4
Pauillac 24-25 I 4
Pavlodar 50 C 4
Pavlograd 30-31 I 9
Pays Basque, Comm. aut. 34 A-B 7
Paysandú 16 G 4
Pazardzik 36 C 7
Peace River 14 C 2
Pec 36 C 5
Pécs 30-31 I 5
Pegu 48 D 5
Pehuajó 16 H 4
Peine 29 F 4
Pékin 50 E 8
Pelotas 16 G 5
Pematangsiantar 48 E 5
Pemba 40-41 H 10
Pembroke 28 I 4
Pendjab, État 48 B 3
Peniche 34 D 3
Penmarch 24-25 F 1
Pennsylvanie, État 14 E 5
Penticton 14 D 1
Penza 30-31 G 10
Penzance 28 J 3
Pereira 16 B 2
Pergola 35 D 4
Périgueux 24-25 I 5
Perm 30-31, E 12
Pernambouc, État 16 D 6
Pernik 36 C 7
Péronne 24-25 D 7
Pérouse 35 D 3
Perpignan 24-25 L 7
Perros-Guirrec 24-25 F 2
Persique, Golfe 44 E-F 5
Perth 54 E 2
Perth (R.-U.) 28 D 5
Pertuis 24-25 K 9
Pervoouralsk 30-31 E 12
Pesaro 35 D 4
Pescara 35 E 4
Peshawar 48 A 2
Pessac 24-25 J 4
Pétange 24-25 E 9
Petchora 30-31 C 11
Petchora, Fl. 30-31 C 11
Peterborough 28 H 6
Peterlee 28 F 6
Petit Belt, Détroit 29 C 3-4
Petrolina 16 D 6
Petropavlovsk 50 C 4
Petropavlovsk-Kamtchatski 50 B10
Petrozavodsk 30-31 D 8
Pézenas 24-25 K 8
Pforzheim 29 I 3

Phalsbourg 24-25 F 10
Philadelphie, 14 F 5
Philippines, Mer des 48 D 9
Phnom Penh 48 E 6
Phoenix 14 F 2
Phoenix, Iles 54 C 6-7
Phuket 48 E 5
Piatigorsk 30-31 J 10
Piatra Neamt 30-31 I 7
Piauí, État 16 D 6
Pico, Ile 34 G 10
Piedras Negras 14 G 2
Pierre 14 E 3
Pietermaritzburg 40-41 J 8
Pignerol 35 C 1
Pila 30-31 G 5
Pilar 16 F 4
Pilcomayo, Fl. 16 F 4
Ping, Riv. 48 D 5
Pingyang 50 E 8
Pinsk 30-31 H 7
Piombino 35 D 2
Pipriac 24-25 G 3
Piracicaba 16 F 5
Pirgos 36 F 7
Pirmasens 29 H 2
Pirna 29 G 5
Pirot 36 B 7
Pisco 16 E 2
Pise 35 D 2
Pistoia 35 D 3
Pitcairn, Iles 54 D 9
Pitesti 30-31 J 6
Pithiviers 24-25 F 6
Pitlochry 28 D 4
Pittsburgh 14 E 5
Piura 16 C 1
Plaisance 35 C 2
Plasencia 34 D 5
Plauen 29 G 4
Plérin 24-25 F 2
Pleven 36 B 7
Ploemeur 24-25 G 2
Ploiesti 30-31 J 7
Ploufragan 24-25 F 2
Plougastel 24-25 F 1
Plouguernével 24-25 F 2
Plovdiv 36 C 8
Plymouth 28 J 4
Plzen 30-31 H 4
Pô, Fl. 35 C 3
Podgorica 36 C 5
Podolsk 30-31 F 9
Pointe-Noire 40-41 G 5
Poitiers 24-25 H 5
Pokrovsk 30-31 H 10
Polotsk 30-31 G 7
Poltava 30-31 I 8
Poméranie, Baie de 29 D 5-6
Pondichéry 48 D 3
Ponferrada 34 B 5
Pons 24-25 I 4
Pont-St-Esprit 24-25 J 9
Ponta Delgada 34 G 11
Ponta Grossa 16 F 5
Pont-à-Mousson 24-25 E 10
Pontarlier 24-25 H 10
Pontevedra 34 B 4
Pontianak 48 F 7
Pontivy 24-25 F 2
Pontoise 24-25 E 6
Pontypool 28 I 5
Ponziane, Iles 35 F 4
Poole 28 J 5
Poopó, Lac 16 E 3
Popayán 16 B 2
Poprad 30-31 I 6
Pordenone 35 B 4
Pori 30-31 E 6
Pornic 24-25 G 3
Porquerolles, Ile 24-25 K 10
Port Augusta 54 E 3
Port Blair 48 D 4
Port Elizabeth 40-41 J 7
Port Harcourt 40-41 E 5
Port Hedland 54 D 2
Port Hardy 14 C 1
Port Moresby 54 C 4
Port Talbot 28 I 4
Port-au-Prince 14 H 5
Port-de-Bouc 24-25 K 9
Port-Gentil 40-41 F 5
Port-Menier 14 D 6
Port-Saïd 40-41 B 8
Port-Soudan 40-41 D 9
Port-Vila 54 D 5
Portadown 28 F 3
Portage la Prairie 14 D 3
Portalegre 34 D 4
Portbail 24-25 E 3
Portland 14 D 1
Portlaoise 28 H 3
Porto (France) 24-25 L 10
Porto (Portugal) 34 C 4
Pôrto Alegre 16 G 5
Porto Velho 16 D 3
Porto-Novo 40-41 E 4
Porto-Vecchio 24-25 M 11
Portoviejo 16 C 1
Portsmouth 28 J 6
Posadas 16 F 5
Potenza 35 F 4
Potosí 16 E 3
Potsdam 29 F 5
Pouancé 24-25 G 4
Pouchkine 30-31 E 8
Pôvoa de Varzim 34 C 4
Povungnituk 14 C 6
Powell River 14 C 1
Poznan 30-31 G 5
Pozoblanco 34 E 6
Pozzo di Grotto 35 H 5

Prades 24-25 L 7
Prague 30-31 H 5
Prato 35 D 3
Praya 48 G 8
Presidencia Roque Sáenz Peña 16 F 4
Presidente Prudente 16 F 5
Presov 30-31 H 6
Preston 28 G 5
Pretoria 40-41 I 8
Priego 34 C 7
Propriano 24-25 M 11
Prieto 36 B 3
Prijedor 36 B 3
Prijepolje 36 C 5
Prilep 36 D 6
Prikoumsk 30-31 J 10
Prince Albert 14 C 3
Prince-Edouard, Île du 14 E 6
Prince George 14 C 2
Prince Rupert 14 C 1
Pripiat, Riv. 30-31 H 7
Pristina 36 C 6
Privas 24-25 J 9
Prizren 36 C 6
Prjevalsk 50 D 4
Prokuplje 36 B-C 6
Prome 48 D 5
Prout, Riv. 30-31 J 7
Provins 24-25 F 7
Przemysl 30-31 H 6
Pskov 30-31 F 7
Ptuj 36 A 3
Pucallpa 16 D 2
Puebla 14 H 2
Puerto Deseado 16 J 4
Puertollano 34 D 6
Puerto Montt 16 I 3
Puerto Natales 16 J 3
Puerto Princesa 48 E 8
Pune 48 C 2
Punata 16 E 3
Punta Alta 16 H 4
Punta Arenas 16 K 4
Purus, Fl. 16 D 3
Pusan 50 E 7
Pyongyang 50 E 9

Q

Qechm, Île 44 F 6
Qingdao 50 E 8
Qiqihar 50 D 8
Qom 44 D 3
Qomcheh 44 D 5
Quanzhou 50 F 8
Québec 14 E 6
Québec, État 14 C 6
Queensland, État 54 D 3-4
Queenstown 40-41 J 7
Quelimane 40-41 H 9
Querétaro 14 H 2
Quetta 48 B 2
Quezon City 48 D 8
Qui Nhon 48 D 7
Quiberon 24-25 G 2
Quillacollo 16 E 3
Quillan 24-25 L 6
Quimper 24-25 F 1
Quimperlé 24-25 F 2
Quito 16 C 2
Quzhou 50 F 8

R

Rabat 40-41 B 3
Radom 30-31 H 6
Ragusa 35 I 4
Raipur 48 C 3
Rajahmundry 48 D 3
Rajasthan, État 48 B 2
Rajkot 48 C 2
Raleigh 14 F 5
Rambouillet 24-25 F 6
Ramsgate 28 I 7
Rancagua 16 H 3
Ranchi 48 C 3
Randers 29 B 4
Rangoon 48 D 5
Rapallo 35 C 2
Rapid City 14 E 3
Rapperswil 30-31 H 10
Ratak, Îles 54 B 5
Ratik, Îles 54 B 5
Ratisbonne 29 I 4
Raukela 48 C 3
Ravenne 35 C 3
Ravensburg 29 J 3
Rawalpindi 48 A 3
Rawson 16 I 4
Razgrad 36 B 8
Ré, Île de 24-25 H 3
Reading 28 I 6
Réalmont 24-25 K 6
Recht 44 C 5
Red Deer 14 C 2
Redding 14 E 1
Redditch 28 H 5
Redon 24-25 G 3
Reggane 40-41 C 4
Reggio d'Emilia 35 C 3
Regina 14 D 3
Reigate 28 I 6
Reims 24-25 E 8
Reine Charlotte, Îles de la 14 C 1
Reinosa 34 B 6
Remiremont 24-25 F 10
Remoulins 24-25 K 8
Remscheid 29 F 2
Rendsburg 29 D 3
Rennes 24-25 F 3
Reno 14 E 1
Requena 34 D 8
Resistencia 16 F 4

Resita 30-31 J 6
Retchitsa 30-31 H 8
Rethel 24-25 E 8
Réthimnon 36 G 9
Reus 34 C 9
Reutlingen 29 I 3
Revin 24-25 D 8
Reykjavík 30-31 B 1
Rezé 24-25 G 3
Rezekne 30-31 F 7
Rheine 29 F 2
Rhénanie-du-Nord-Westphalie, État 29 F 2-3
Rhénanie-Palatinat, État 29 G 2
Rhin, Fl. 24-25 B 9, F 11
Rhode Island, État 14 E 5
Rhodes 36 F 11
Rhodes, Île 36 F 10-11
Rhondda 28 I 5
Rhône, Fl. 24-25 I-J 9
Rhum, Île 28 D 3
Riaño 34 B 6
Riazan 30-31 G 9
Ribadeo 34 A 5
Ribauvillé 24-25 F 11
Ribe 29 C 3
Ribeira Grande 34 G 11
Ribeirão Prêto 16 F 5
Riberalta 16 D 3
Richmond 14 F 5
Riesa 29 G 5
Rieti 35 D 4
Riga 30-31 F 7
Riga, Golfe de 30-31 F 7
Rijeka 36 B 2
Rimini 35 D 4
Rimouski 14 E 6
Ringkøbing 29 B 3
Ringkøbing, Fjord 29 B 3
Rio Branco 16 D 3
Rio Cuarto 16 G 4
Rio de Janeiro 16 F 6
Rio de Janeiro, État 16 F 6
Rio de la Plata 16 H 4-5
Rio Gallegos 16 J 4
Rio Grande 16 G 6
Rio Grande do Norte, État 16 C 6
Rio Grande do Sul, État 16 G 5
Rio Grande, Fl. 14 G 2-3
Rio Negro, Fl. 16 C 3
Riom 24-25 I 7
Riom-ès-Montagnes 24-25 I 7
Ripoll 34 B 9
Rive-de-Giers 24-25 I 8
Rivera 16 G 5
Riverside 14 F 1
Rivesaltes 24-25 L 7
Rivoli 35 C 1
Riyad 44 F 4
Rize 44 B 3
Rizhao 50 E 8
Rjev 30-31 F 8
Roanne 24-25 H 8
Rochechouard 24-25 I 5
Rochefort 24-25 I 4
Rockhampton 54 D 4
Rodez 24-25 J 7
Roermond 24-25 C 9
Romans-sur-Isère 24-25 I 9
Rombas 24-25 E 9
Rome 35 E 3
Romilly-sur-Seine 24-25 F 8
Rømø, Île 29 C 3
Romorantin-Larthenay 24-25 G 6
Ronchamp 24-25 G 10
Ronda 34 F 6
Rondônia, État 16 D 3
Rondonópolis 16 E 4
Rønne 29 C 6
Ronse 24-25 D 8
Roquefort 24-25 J 4
Roraima, État 16 B 3-4
Rosario 16 G 4
Roscoff 24-25 F 1
Roselare 24-25 C 7
Rosendaal 24-25 C 8
Rosenheim 29 J 4
Roses 34 B 10
Roskilde 29 C 4
Roslavl 30-31 G 8
Rossano 35 G 5
Rosso 40-41 D 1
Rossoch 30-31 H 9
Rostock 29 F 4
Rostov-sur-le-Don 30-31 I 9
Rotherham 28 G 6
Roti, Île 48 G 9
Rotterdam 24-25 D 8
Roubaix 24-25 D 7
Roubtsovsk 50 C 5
Rouen 24-25 E 6
Rouge, Fl. 48 D 6
Rouge, Mer 44 E-H 2
Roustavi 44 B 4
Rouyn 14 D 5
Rouzaïevka 30-31 C 10
Rovaniemi 30-31 C 7
Rovereto 35 B 3
Rovigo 35 C 3
Rovno 30-31 H 7
Roxas 48 D 9
Royan 24-25 I 4
Royat 24-25 J 4
Rubek 40-41 E 8
Rubi 34 C 10
Rudolstadt 29 G 4
Ruffec 24-25 H 5
Rugby 28 H 6
Rügen, Île 29 D 5
Ruma 36 B 4
Runcorn 28 G 5
Ruse 36 B 8
Rybinsk 30-31 F 9
Rybinsk, Rés. de 30-31 E 9
Rzeszów 30-31 H 6

S

Saalfeld 29 G 4
Saalfelden 29 J 5
Saaremaa, Île 30-31 E 6-7
Saarlouis 29 H 2
Sabac 36 B 5
Sabadell 34 C 10
Sablé-sur-Sarthe 24-25 G 4
Sacramento 14 E 1
Sadiya 48 C 5
Safi 40-41 B 2
Sagunto 34 D 8
Saharanpur 48 B 3
Sain-Chand 50 D 7
Saintes 24-25 I 4
Sakami, Lac 14 D 5
Sakhaline, Île 50 C 9-10
Salado, Fl. 16 G 4
Salala 44 H 5
Salamanque 34 C 5
Salavat 30-31 F 12
Salbris 24-25 G 6
Salé, Grand Lac 14 E 2
Salem 14 D 1
Salerne 35 F 4
Salies-de-Béarn 24-25 K 4
Salinas 14 F 1
Salins-les-Bains 24-25 G 9
Salisbury 28 I 5
Sallanches 24-25 H 10
Salmon Arm 14 C 2
Salons-de-Provence 24-25 K 9
Salouen, Fl. 48 D 5
Salsk 30-31 J 10
Salt Lake City 14 E 2
Salta 16 F 3
Saltillo 14 G 2
Salto 16 G 4
Salvador 16 D 6
Salzbourg 29 J 4
Salzgitter 29 F 4
Samar, Île 48 D 9
Samara 30-31 G 11
Samara, Rés. de 30-31 F 11
Samarinda 48 E 8
Samarkand 50 D 2
Samawwa 44 D 4
Samoa Américaines, Îles 54 D 7
Sambor 36 A 6
Sámos, Île 36 E 9-10
Samothrace 36 D 8
Samsun 44 B 3
Saria 16 D 2
Sanaa 44 H 3
Sanandadj 44 C 4
San Antonio 14 G 3
San Antonio Abad 34 D 9
San Benedetto del Tronto 35 D 4
San Bernardino 14 F 1
Sancerre 24-25 G 7
San Cristóbal (Argentine) 16 G 4
San Cristóbal (Venezuela) 16 B 2
Sandakan 48 E 8
Sanday, Île 28 B 5
San Diego 14 F 1
Sandvika 30-31 D 5
San Fernando 34 F 5
San Fransisco 14 E 1
Sangha, Fl. 40-41 F 6
Sangli 48 C 2
San José (Costa Rica) 14 I 4
San Jose (É.-U.) 14 E 1
San Juan (Argentine) 16 G 3
Sankt Veit an der Glan 29 J 6
San Luis Potosi 14 H 2
San Miguel de Tucumán 16 F 3
San Rafael 16 H 3
San Remo 35 C 1
San Salvador 14 I 3
San Salvador de Jujuy 16 F 3
San Severo 35 F 5
Sanso, Île 29 C 4
Sant Feliu de Llobregat 34 C 10
Santa Catarina, État 16 G 5
Santa Comba 34 B 4
Santa Cruz 16 E 3
Santa Cruz de la Palma 34 E 10
Santa Cruz de Tenerife 34 E 10
Santa Eulalia del Río 34 D 10
Santa Fe (Argentine) 16 G 4
Santa Fe (É.-U.) 14 F 2
Santa Fe de Bogotá 16 B 2
Santa Inês 16 C 5
Santa Inês, Île 16 K 3
Santa Maria 16 G 5
Santa Maria, Île de 34 G 11
Santa Marta 16 A 2
Santander 34 A 6
Santarém (Brésil) 16 C 4
Santarém (Portugal) 34 D 4
Santa Rosa (Argentine) 16 H 4
Santa Rosa (É.-U.) 14 E 1
Santiago (Chili) 16 H 3
Santiago (Rép. Domin.) 14 H 5
Santiago de Cuba 14 H 4
Santiago del Estero 16 G 3
Santos 16 F 5
São Francisco, Fl. 16 D-E 6
São Jorge, Île de 34 G 10
São José do Rio Preto 16 E 5
São Luis 16 C 6
São Miguel, Île de 34 G 11
Saône, Riv. 24-25 G-H 9
São Paulo 16 F 5
São Paulo, État 16 F 5
São Tomé 40-41 F 5
Sappemeer 24-25 A 11
Sapporo 50 D 11
Saragosse 34 B 8
Sarajevo 36 B 4
Saransk 30-31 G 10

Sarapoul 30-31 F 11
Saratov 30-31 H 10
Saratov, Rés. de 30-31 G 11
Sardaigne, Île 35 F 2
Sargodha 48 B 2
Sarh 40-41 E 6
Sari 44 C 5
Sarlat-la-Canéda 24-25 J 6
Sarre, État 29 H 2
Sarrebourg 24-25 F 10
Sarrebruck 29 H 2
Sarreguemines 24-25 E 10
Sarthe, Riv. 24-25 G 4
Sarzeau 24-25 G 2
Saskatchewan, État 14 C 3
Saskatchewan, Fl. 14 C 3
Saskatoon 14 D 3
Sassari 35 F 1
Satu Mare 30-31 I 6
Saudhárkrókur 30-31 A 2
Sault-Sainte-Marie 14 E 4
Saumur 24-25 G 5
Saurimo 40-41 G 7
Savannakhet 48 D 6
Save, Riv. 36 B 4
Savenay 24-25 G 3
Saverne 24-25 F 11
Savone 35 C 1
Saxe, État 29 G 5
Saxe-Anhalt, État 29 F 4
Scarborought 28 F 6
Schaerbeek 24-25 D 8
Schaffouse 29 J 3
Schefferville 14 D 6
Schiermonnikoog, Île 24-25 A 10
Schiltigheim 24-25 F 11
Schleswig 29 D 4
Schleswig-Holstein, État 29 D 3-4
Schönebeck 29 F 4
Schwabach 29 H 4
Schwaz 29 J 4
Schwechat 29 I 7
Schweinfurt 29 H 3
Schwerin 29 E 4
Sciacca 35 I 3
Scilly, Îles 28 K 3
Seattle 14 D 1
Sébastopol 30-31 J 8
Sebha 40-41 C 6
Sedan 24-25 E 9
Seeland, Île 29 C 4
Sées 24-25 F 5
Ségou 40-41 D 3
Ségovie 34 C 6
Segré 24-25 G 4
Segueja 30-31 D 8
Seine, Fl. 24-25 E 5, G 8
Sekondi 40-41 E 4
Selebi-Phikwe 40-41 I 8
Sélestat 24-25 F 11
Selfoss 30-31 B 2
Selongey 24-25 G 9
Semarang 48 G 7
Semipalatinsk 50 C 4
Semman 44 C 5
Semur-en-Auxois 24-25 G 8
Sendai 50 D 11
Sénégal, Fl. 40-41 D 2
Senftenberg 29 F 5
Senlis 24-25 E 7
Sens 24-25 F 7
Senta 36 A 5
Seo de Urgel 34 B 2
Séoul 50 D 6
Sept-Îles 14 D 6
Seraing 24-25 D 9
Serbie, Rép. 36 B 5-6
Sercq, Île 28 K 5
Seremban 48 F 6
Sergipe, État 16 D 6
Serguiev Possad 30-31 F 9
Serifos 36 F 8
Serov 50 B 3
Serpoukhov 30-31 G 9
Sérrai 36 D 7
Sète 24-25 K 8
Sétif 40-41 A 4
Setúbal 34 D 4
Setúbal, Baie de 34 D-E 3-4
Séverac-le-Château 24-25 J 7
Severn, Fl. 28 I 5
Severodonetsk 30-31 I 9
Severodvinsk 30-31 C 9
Séville 34 E 5
Sèvre, Fl. 24-25 H 4
Seym, Riv. 30-31 H 8
Sézanne 24-25 F 8
Sfax 40-41 B 5
Shanghai 50 F 8
Shangrao 50 F 8
Shannon, Fl. 28 G 2
Shantou 50 G 8
Shaoxing 50 F 8
Sheffield 28 G 6
Sherbrooke 14 E 6
Shetland, Îles 28 A-B 6-7
Shihezi 50 D 4
Shijiazhuang 50 E 7
Shikoku 50 E 10
Shillong 48 C 5
Shinyanga 40-41 F 9
Shizuishan 50 E 7
Shkodër 36 C 5
Sholapur 48 C 2
Shreveport 14 F 3
Shrewsbury 28 H 5
Shurugwi 40-41 H 8
Sialkot 48 B 3
Siauliai 30-31 F 6
Sibenik 36 C 3
Siberut, Île 48 F 5
Sibiu 30-31 I 7
Sicile, Détroit de 35 I 3

Sicile, Île 35 I 4
Sidi bel Abbes 40-41 B 4
Siedlce 30-31 H 6
Siegen 29 G 2
Sienne 35 D 3
Sierre 29 K 2
Sifnos 36 F 8-9
Sigean 24-25 L 7
Sigüenza 34 C 7
Sikasso 40-41 E 3
Sikkim, État 48 C 4
Sil, Riv. 34 B 5
Siliguri 48 C 4
Silkeborg 29 B 3
Simbirsk 30-31 F 11
Simeulue, Île 48 E 5
Simferopol 30-31 J 8
Sindelfigen 29 I 3
Sines 34 E 4
Singapour 48 F 6
Singen 29 J 3
Sion 29 K 2
Sioux Falls 14 E 3
Siret, Riv. 30-31 J 7
Sirjan 44 E 6
Sisak 36 B 3
Sistan, Lac de 44 D-E 7
Sisteron 24-25 J 10
Sitka 14 B 1
Sivas 44 B 3
Sjenica 36 C 5
Skagen 29 A 4
Skagen, Cap 29 A 4
Skagerrak, Détroit 30-31 E 4
Skellefteå 30-31 C 7
Skellefteälv, Fl. 30-31 C 6
Skien 30-31 D 5
Skikda 40-41 A 5
Skiros, Île 36 E 8
Skopje 36 D 6
Skye, Île 28 D 3
Slaviansk 30-31 I 9
Slavonski Brod 36 B 4
Slea, Cap 28 H 1
Sligo 28 F 2
Slobodskoï 30-31 F 11
Slupsk 30-31 G 5
Smallwood, Rés. de 14 D 7
Smederevo 36 B 5
Smithers 14 C 1
Smolensk 30-31 G 8
Smoljan 36 C 8
Snake, Riv. 14 E 2
Sneek 24-25 A 9
Soanierana-Ivongo 40-41 H 11
Sobat 40-41 E 9
Société, Îles de la 54 D 8
Socotra, Île de 44 I 5
Soest 29 F 3
Sofia 36 C 7
Sohag 40-41 C 8
Soissons 24-25 E 7
Sokodé 40-41 E 4
Soleure 29 J 2
Solihull 28 H 5
Solikamsk 30-31 D 11
Solingen 29 F 2
Söller 44 D 4
Solway, Estuaire de 28 F 4
Sombor 36 A 4
Somme, Fl. 24-25 D 6
Sonde, Détroit de la 48 F-G 6
Sonde, Grandes Îles de la 48 F-G 5-7
Sonde, Petites Îles de la 48 G 8-9
Sønderborg 29 C 3
Songea 40-41 G 9
Songhua, Riv. 50 D 9
Sonkhla 48 E 5
Sorgues 24-25 K 9
Soria 34 B 7
Sorocaba 16 F 5
Sorong 48 F 10
Sosnowiec 30-31 H 6
Sotchi 30-31 K 9
Souillac 24-25 J 6
Soukhona, Riv. 30-31 E 9
Soukhoumi 44 A 4
Soulac-sur-Mer 24-25 I 4
Soumgaït 44 B 5
Soumy 30-31 H 8
Soura 30-31 G 10
Sourgout 50 B 4
Sousse 40-41 B 5
Soustons 24-25 K 3
South Shields 28 F 5
South Uist, Île 28 D 3
Southampton 28 J 6
Southend-on-Sea 28 I 7
Soweto 40-41 I 8
Soyaux 24-25 I 5
Spey, Fl. 28 D 4
Spijkenisse 24-25 C 8
Spire 29 H 3
Spittal an der Drau 29 J 5
Split 36 C 3
Spokane 14 D 1
Sporades, Îles 36 E 8
Springfield 14 E 4
Srebrenica 36 B 5
Srinagar 48 A 3
Stade 29 E 3
Stadskanaal 24-25 A 11
St-Affrique 24-25 K 7
St. Albert 14 C 2
St-Amand-Montrond 24-25 H 7
St-Amboix 24-25 J 8
St-Amour 24-25 H 9
St-André-des-Vergers 24-25 F 8

St-Astier 24-25 I 5
St-Avold 24-25 E 10
Stavropol 30-31 J 10
St-Brieuc 24-25 F 2
St-Calais 24-25 G 5
St-Céré 24-25 J 6
St-Chamond 24-25 I 8
St-Chély-d'Apcher 24-25 J 7
St-Claude 24-25 H 10
St. Cloud 14 E 4
St-Cyr-sur-Loire 24-25 G 5
St David, Pointe 28 I 4
St-Dié 24-25 F 10
St-Dizier 24-25 F 9
St-Domingue 14 H 5
Steen River 14 B 3
Ste-Foy-la-Grande 24-25 J 5
Ste-Foy-lès-Lyon 24-25 I 9
Steinkjer 30-31 C 5
St-Éloy-les-Mines 24-25 H 7
Ste-Marie, Cap 40-41 I 10
Ste-Menehould 24-25 E 9
Stenay 24-25 E 9
Stendal 29 E 4
Stepanakert 44 B 4
Stephenville 14 E 7
Sterlitamak 30-31 F 12
Stes-Maries-de-la-Mer 24-25 K 8
St-Estèphe 24-25 I 4
St-Étienne 24-25 I 8
St-Étienne-du-Rouvray 24-25 E 6
Stewart 14 B 1
Stewart, Île 54 F 5
Steyr 29 I 6
St Feliu de Guíxols 34 B 10
St-Florent-sur-Cher 24-25 H 6
St-Florentin 24-25 F 8
St-Flour 24-25 I 7
St-Gall 29 J 3
St-Gaudens 24-25 K 5
St. George 14 E 2
St-Germain-en-Laye 24-25 F 6
St-Girons 24-25 L 5
St Herblain 24-25 G 3
Stip 36 C 7
Stirling 28 E 4
St-Jacques-de-Compostelle 34 B 4
St-Jean-d'Angely 24-25 I 4
St-Jean-de-la-Ruelle 24-25 G 6
St-Jean-de-Maurienne 24-25 I 10
St-Jean-de-Monts 24-25 H 3
St-Jean-de-Royans 24-25 I 9
St-Jean-Pied-de-Port 24-25 K 3
St. John's (Canada) 14 E 7
St-Laurent, Fl. 14 D 6
St-Laurent, Golfe du 14 E 6-D 7
St-Laurent-de-la-Salanque 24-25 L 7
St-Laurent-du-Var 24-25 K 11
St-Lô 24-25 E 4
St-Louis (France) 24-25 G 11
St-Louis (Sénégal) 40-41 D 1
St. Louis (É.-U.) 14 F 4
St-Maixent-l'École 24-25 H 4
St-Malo 24-25 F-G 3
St-Marin 35 D 3
St-Martin-d'Hères 24-25 I 10
St-Martin-de-Ré 24-25 H 3
St-Michel-de-Maurienne 24-25 I 10
St-Mihiel 24-25 E 9
St-Moritz 29 K 3
St-Nazaire 24-25 G 3
St-Niklaas 24-25 C 8
Stockerau 29 I 6
Stockholm 30-31 D 6
Stoke-on-Trent 28 H 5
Stolac 36 C 4
St-Omer 24-25 D 6
Stonehaven 28 D 5
Stony Rapids 14 B 3
Stornoway 28 C 3
St. Paul 14 E 4
St-Paul-de-Fenouillet 24-25 L 7
St-Pétersbourg 30-31 E 8
St Pölten 29 I 6
St-Pons-de-Thomières 24-25 K 7
St-Pourçain-sur-Sioule 24-25 H 7
St-Quentin 24-25 E 7
Strabane 28 F 3
Stralsund 29 D 5
Stranraer 28 F 4
St-Raphaël 24-25 K 10
Strasbourg 24-25 F 11
Straubing 29 I 5
Stroud 28 I 5
Struga 36 D 6
St-Sébastien 34 A 7
St-Sulpice 24-25 K 6
St-Trond 24-25 D 9
St-Tropez 24-25 K 10
Stumica 36 D 7
Stuttgart 29 I 3
St-Valéry-en-Caux 24-25 E 5
St-Vallier (Drôme) 24-25 I 9
St-Vallier (Saône-et-Loire) 24-25 H 8
St-Vincent, Cap 34 E 3
St-Yorre 24-25 H 7
St-Yrieix-la-Perche 24-25 I 6
Suayda 44 D 2
Subotica 36 A 5
Suck, Riv. 28 G 2
Sucre 16 E 3
Sud, Île du 54 F 5-6
Sudbury 14 E 5
Suez 40-41 B 8
Suhl 29 G 4
Sula, Îles 48 F 9
Sulamaniya 44 C 4
Sully-sur-Loire 24-25 G 7
Sulu, Arch. de 48 E 8-9
Sulu, Mer de 48 E 8
Sumatra, Île de 48 E-F 5-6
Sumba 48 G 8
Sumbawa, Île 48 G 8
Sumbawanga 40-41 G 8
Sumen 36 B 9

Sunderland 28 F 6
Sundsvall 30-31 D 6
Supérieur, Lac 14 D 4
Sur 44 G 7
Surabaya 48 G 7
Surakarta 48 G 7
Surat 48 C 2
Surgères 24-25 H 4
Sutlej, Riv. 48 B 2
Sutton Coldfield 28 H 5
Suva 54 D 6
Suwalki 30-31 G 6
Suzhou 50 F 8
Svendborg 29 C 4
Svetlograd 30-31 J 10
Svistov 36 B 8
Swakopmund 40-41 I 6
Swansea 28 I 4
Swift Current 14 D 3
Swindon 28 I 5
Sydney (Australie) 54 E 4
Sydney (Canada) 14 E 6
Syktyvkar 30-31 D 11
Sylt, Île 29 C 3
Syr-Daria, Riv 50 D 3
Syracuse 35 I 5
Syrte 40-41 B 6
Syzran 30-31 G 11
Szczecin 30-31 G 5
Szeged 30-31 I 5
Székesfehérvár 30-31 I 5
Szolnok 30-31 I 6

T
Tabora 40-41 G 8
Tabriz 44 C 4
Tabuk 44 E 2
Tachaouz 50 D 2
Tachkent 50 D 3
Tacloban 48 D 9
Tacna 16 E 3
Tacoma 14 D 1
Tacuarembó 16 G 4
Taegu 50 F 8
Taejon 50 F 8
Taganrog 30-31 J 9
Tage, Fl. 34 C 7-D 4-5
Taguatinga 16 E 5
Tahiti, Île de 54 D 8
Tahoua 40-41 D 4
Tai'an 50 E 8
Taichung 50 G 8
Tai'f 44 G 3
Tainan 50 F 9
Taipei 50 F 9
Taitao, Pén. de 16 J 3
Taïwan, Île de 50 F-G 9
Taiyuan 50 E 7
Ta'izz 44 I 3
Talara 16 C 1
Talavera de la Reina 34 D 6
Talca 16 H 3
Talcahuano 16 H 3
Taldy-Kourgan 50 D 4
Tallahassee 14 G 4
Tallinn 30-31 E 7
Tamale 40-41 E 4
Tamanrasset 40-41 C 4
Tambov 30-31 G 10
Tamil Nadu, État 48 D 2
Tamise 28 I 5
Tampa 14 G 4
Tampere 30-31 D 7
Tampico 14 H 3
Tan-Tan 40-41 C 2
Tana, Riv. 40-41 G 8
Tanga 40-41 G 9
Tanganyika, Lac 40-41 G 8
Tanger 40-41 B 3
Tangshan 50 E 8
Tanjungkarang 48 F 6
Taolagnaro 40-41 I 10
Tapa 30-31 E 7
Tapajós, Fl. 16 C 4
Tarakan 48 E 8
Tarancón 34 D 7
Tarapoto 16 D 2
Tarare 24-25 I 8
Tarascon-sur-Ariège 24-25 L 6
Tarazona 34 B 8
Tarbes 24-25 K 5
Tarente 35 G 6
Tarente, Golfe de 35 G 6
Tarifa 34 F 5
Tarija 16 F 3
Tarim, Riv. 50 D 4
Tarlac 48 C 8
Tarn, Riv. 24-25 K 7
Tarnów 30-31 H 6
Tarragone 34 C 9
Tarrasa 34 C 10
Tartu 30-31 E 7
Tasman, Mer de 54 E 5
Tasmanie, État 54 F 4
Tasmanie, Île de 54 F 4
Tatabánya 30-31 I 5
Taunggyi 48 C 5
Taunton 28 J 5
Taurage 30-31 F 6
Tavira 34 E 4
Tay, Fl. 28 D 4-5
Taz, Fl. 50 B 5
Tbilissi 44 B 4
Tchad, Lac 40-41 D 6
Tchakhtinsk 50 C 4
Tchardjou 50 D 4
Tcheboksary 30-31 F 10
Tchechskaia, Baie 30-31 B 9-10
Tcheliabinsk 30-31 F 13
Tcheremkhovo 50 C 6
Tcherepovets 30-31 E 9
Tcherkassy 30-31 I 8
Tcherkessk 30-31 J 10

Tchernigov 30-31 H 8
Tchernovsty 30-31 I 7
Tchibanga 40-41 F 5
Tchimkent 50 D 3
Tchita 50 C 7
Tchoïbalsan 50 D 7
Tchoudes, Lac des 30-31 E 7
Tébessa 40-41 B 5
Tefé 16 C 3
Tegucigalpa 14 I 3
Téhéran 44 C 5
Tekirdag 36 C 9
Tel Aviv-Jaffa 44 D 2
Temirtaou 50 C 3
Temuco 16 H 3
Tende 24-25 J 11
Tenerife, Île de 34 E-F 10
Tennessee, État 14 F 4
Teramo 35 E 4
Terceira, Île 34 G 10
Teresina 16 C 6
Tergnier 24-25 E 7
Ternate 48 E 9
Terneuzen 24-25 C 8
Terni 35 E 3
Ternopol 30-31 I 7
Terracina 35 F 4
Terre-Neuve, État 14 D 7
Territ. de la Cap. Australienne, État 54 E 4
Territoire du Nord, État 54 D 2-3
Territoires du Nord-Ouest, État 14 B 4
Terschelling, Île 24-25 A 9
Tete 40-41 H 8
Tétouan 40-41 B 3
Tetovo 36 C 6
Texas, État 14 F 2-3
Texel, Île 24-25 A 8
Thaïlande, Golfe de 48 E 5-6
Thai Nguyen 48 C 6
Thann 24-25 G 10
Thásos, Île 36 D 8
Thau, Étang de 24-25 K 8
Thèbes 36 E 7
Thelson, Fl. 14 B 4
The Minch, Détroit 28 C 3
Thessalonique 36 D 7
The Wash, Estuaire 28 H 6-7
Thiers 24-25 I 8
Thiès 40-41 D 1
Thimbu 48 C 4
Thíra, Île 36 F 8
Thisted 29 B 3
Thiviers 24-25 I 5
Thompson 14 C 4
Thonon-les-Bains 24-25 H 10
Thoune 29 J 2
Thrace, Mer de 36 D 8
Thunder Bay 14 D 4
Thuringe, État 29 G 4
Thurso 28 B 4
Tianjin 50 E 8
Tibre, Fl. 35 D 3
Tiel 24-25 B 9
Tigre, Fl. 44 D 4
Tijuana 14 F 1
Tikhoretsk 30-31 J 9
Tilburg 24-25 C 9
Timisoara 30-31 J 6
Timmins 14 D 5
Timor, Île de 48 G 9
Timor, Mer de 48 G 10
Tindouf 40-41 C 3
Tineo 34 A 5
Tinos, Île 36 F 9
Tioumen 50 B 3
Tipperary 28 H 2
Tirana 36 D 5
Tiraspol 30-31 J 7
Tiree, Île 28 D 3
Tirgu Mures 30-31 J 6
Tirlemont 24-25 D 9
Tiruchchirappalli 48 D 2
Tisza, Riv 36 A 5
Titicaca, Lac 16 E 3
Titov Veles 36 C 6
Tivoli 35 E 3
Tlemcen 40-41 B 4
Toamasina 40-41 H 11
Tobermory 28 D 3
Tobol, Riv. 50 C 3
Tobrouk 40-41 B 7
Tocantins, État 16 D 5
Tocantins, Fl. 16 C-D 5
Togliatti 30-31 G 11
Tokelau, Îles 54 C 7
Tokyo 50 E 10
Toléaro 40-41 I 10
Tolède 34 D 6
Toledo 14 E 4
Toluca 14 H 2
Tomar 34 D 4
Tombouctou 40-41 D 3
Tomsk 50 C 5
Tonnerre 24-25 G 8
Tønsberg 30-31 E 5
Topeka 14 E 3
Torbat-e-Heydariyeh 44 D 6
Tordesillas 34 C 6
Tormes, Riv. 34 C 6
Torneälven, Fl. 30-31 B-C 7
Toronto 14 E 5
Torquay 28 J 5
Torre del Greco 35 F 4
Torrelavega 34 A 6
Torreón 14 G 2
Torres Vedras 34 D 3
Torrevieja 34 E 8
Tortosa 34 C 9
Tortosa, Cap 34 C 9
Torun 30-31 H 5
Toscan, Archipel 35 E 2
Toucy 24-25 G 7
Toul 24-25 F 9

Toula 30-31 G 9
Toulon 24-25 K 10
Touloun 50 C 6
Toulouse 24-25 K 6
Toungouska Inf., Fl. 50 B 5-6
Toungouska Pierr., Fl. 50 B 5-6
Tourcoing 24-25 D 7
Tourlaville 24-25 E 3
Tournai 24-25 D 8
Tours 24-25 G 6
Townsville 54 D 4
Tralee 28 H 1
Trapani 35 H 3
Traun 29 I 5
Trebinje 36 C 4
Trébizonde 44 B 3
Tréguier 24-25 F 2
Tremp 34 B 9
Trenque Lauquen 16 H 4
Trent, Fl. 28 H 5
Trente 35 B 3
Trèves 29 H 2
Treviño 34 B 7
Trévise 35 B 3
Trieste 35 B 3
Trikala 36 E 7
Trinidad 16 E 3
Trivandrum 48 D 2
Trois-Rivières 14 E 5
Trollhättan 30-31 E 5
Tromsø 30-31 A 6
Trondheim 30-31 C 5
Troyes 24-25 F 8
Trstenik 36 B 6
Trujillo (Espagne) 34 D 5
Trujillo (Pérou) 16 D 2
Tselinograd 50 C 3
Tshikapa 40-41 G 7
Tsimliansk, Rés. de 30-31 I 10
Tsumeb 40-41 H 6
Tuamotu, Îles 54 D 9
Tucson 14 F 2
Tudela 34 B 8
Tullamore 28 G 3
Tulle 24-25 I 6
Tulsa 14 F 3
Tumaco 16 B 2
Tumbes 16 C 1
Tunis 40-41 A 5
Turbat 48 B 1
Turin 35 B 1
Turkana, Lac 40-41 F 9
Turks et Caïcos, Îles 14 H 5
Turku 30-31 D 7
Turnhout 24-25 C 9
Tuticorin 48 D 2
Tuxtla Gutiérrez 14 H 3
Tuzla 36 B 4
Tver 30-31 F 9
Tweed, Fl. 28 E 5
Twin Falls 14 E 2
Tychy 30-31 H 6
Tynda 50 C 7
Tyrrhénienne, Mer 35 G 3

U
Úbeda 34 E 7
Ucayali, Fl. 16 D 2
Udine 35 B 4
Uélé, Riv. 40-41 F 7
Uelzen 29 E 4
Uig 28 C 3
Uíge 40-41 G 6
Ujjain 48 C 2
Ujung Pandang 48 F 8
Ullapool 28 C 4
Ulm 29 I 3
Umeå 30-31 C 6
Umeälv, Fl. 30-31 C 6
Ungava, Baie d' 14 C 6
Unst, Île 28 A 7
Upington 40-41 I 7
Uppsala 30-31 E 6
Uranium City 14 B 3
Urfa 44 C 3
Urosevac 36 C 6
Uruguay, Fl. 16 G 4
Ushuaia 16 K 4
Ussel 24-25 I 7
Ustí nad Labem 30-31 H 5
Utah, État 14 E 2
Utena 30-31 F 7
Utiel 34 D 8
Utrecht 24-25 B 9
Uttar Pradesh, État 48 B 3
Uzerche 24-25 I 6
Uzice 36 B 5

V
Vaal, Fl. 40-41 I 7
Vaasa 30-31 D 7
Vaccarès, Étang de 24-25 K 8
Vadodara 48 C 2
Vadsø 30-31 A 8
Vaduz 29 J 3
Vaison-la-Romaine 24-25 J 9
Valdepeñas 34 D 7
Valdivia 16 H 3
Val d'Or 14 E 5
Valemount 14 C 2
Valença 34 B 4
Valençay 24-25 G 6
Valence (Espagne) 34 D 8
Valence (France) 24-25 J 9
Valence, Comm. aut. 34 D 8
Valencia 16 A 3
Valenciennes 24-25 D 8
Valentigney 24-25 G 10
Valera 16 A 3

Valjevo 36 B 5
Valkenswaard 24-25 C 9
Valladolid 34 C 6
Valledupar 16 A 2
Valmiera 30-31 F 7
Valparaíso 16 G 3
Valréas 24-25 J 9
Van 44 B 4
Van, Lac de 44 B 4
Vancouver 14 D 1
Vancouver, Île de 14 C-D 1
Vänern, Lac 30-31 E 5
Vannes 24-25 G 2
Vantaa 30-31 D 7
Vanua Levu, Île 54 D 6
Var, Fl. 24-25 J 11
Varanasi 48 C 3
Varazdin 36 A 3
Varberg 30-31 E 5
Varde 29 C 3
Varèse 35 B 2
Varna 36 B 9
Varsovie 30-31 G 6
Västerås 30-31 E 6
Vättern, Lac 30-31 E 5
Växjö 30-31 F 5
Vechta 29 E 3
Vejle 29 C 3
Velenje 36 A 2
Velikie Louki 30-31 F 8
Veliko Tarnovo 36 B 8
Velletri 35 E 3
Vence 24-25 K 11
Vendôme 24-25 G 6
Venise 35 C 4
Venise, Golfe de 35 C 4
Vénissieux 24-25 I 9
Venlo 24-25 C 9
Ventspils 30-31 E 6
Veracruz 14 H 3
Verdon, Riv. 24-25 J-K 10
Verdun 24-25 E 9
Vereeniging 40-41 I 8
Verkhoïansk 50 B 8
Vermont, État 14 E 5
Vernon 24-25 E 6
Vérone 35 B 3
Versailles 24-25 F 6
Vertou 24-25 G 3
Verviers 24-25 D 9
Vervins 24-25 E 8
Vesoul 24-25 G 9
Vesterålen, Îles 30-31 A 6
Vestmannaeyjar 30-31 B 2
Veynes 24-25 J 10
Vézelay 24-25 G 8
Vézère, Riv. 24-25 I 5
Viana do Castelo 34 B 4
Viareggio 35 D 2
Viatka 30-31 E 11
Viatka, Riv. 30-31 E-F 11
Viazma 30-31 G 8
Viborg 29 B 3
Vic, Étang de 24-25 K 8
Vicence 35 B 3
Vich 34 B 10
Vichy 24-25 H 7
Victoria 14 D 1
Victoria, État 54 E 3-4
Victoria, Lac 40-41 F 8
Vidin 36 B 7
Viedma 16 I 4
Vienne (Autriche) 29 I 7
Vienne (France) 24-25 I 9
Vienne, Riv. 24-25 H 5
Vientiane 48 D 6
Vierzon 24-25 G 6
Vigevano 35 B 2
Vigo 34 B 4
Vihiers 24-25 G 4
Vijayawada 48 D 3
Vilaine, Fl. 24-25 F 3
Vila Real 34 C 4
Villach 29 H 5
Villahermosa 14 H 3
Villaines-la-Juhel 24-25 F 4
Villalba 34 A 4
Villa Maria 16 G 4
Villard-de-Lans 24-25 I 9
Villarrica 16 F 4
Villavicencio 16 B 2
Villefranche-de-Lauragais 24-25 K 6
Villefranche-de-Rouergue 24-25 J 6
Villefranche-sur-Mer 24-25 K 11
Villefranche-sur-Saône 24-25 I 9
Villenave 24-25 J 4
Villeneuve-d'Ascq 24-25 D 7
Villeneuve-sur-Lot 24-25 J 5
Villers-Cotterêts 24-25 E 7
Villeurbanne 24-25 I 9
Villingen-Schwenningen 29 I 2
Vilnius 30-31 G 7
Vilyouy, Riv. 50 B 7
Viña del Mar 16 G 3
Vinaroz 34 C 9
Vinh 48 D 6
Vinnitsa 30-31 I 7
Vire 24-25 F 4
Virginia Beach 14 F 5
Virginie, État 14 F 5
Virginie Occid., État 14 F 4-5
Virovitica 36 A 4
Visaginas 30-31 F 7
Visakhapatnam 48 C 3
Visby 30-31 E 6
Viseu 34 C 4
Visoko 36 B 4
Vistule, Fl. 30-31 G-H 6
Vitchouga 30-31 F 9
Vitebsk 30-31 G 8
Viterbe 35 E 3
Vitigudino 34 C 5
Viti Levu, Île 54 D 6

Vitim, Riv. 50 C 7
Vitória (Brésil) 16 E 6
Vitoria (Espagne) 34 B 7
Vitória da Conquista 16 E 6
Vitré 24-25 F 3
Vitrolles 24-25 K 9
Vitry-le-François 24-25 F 8
Vittel 24-25 F 9
Vittoria 35 I 4
Vladikavkaz 30-31 K 11
Vladimir 30-31 F 9
Vladivostok 50 D 9
Vlieland, Île 24-25 A 9
Vlorë 36 D 5
Vöcklabruck 29 I 5
Vohipeno 40-41 I 10
Voiron 24-25 I 9
Vojvodine, Prov. de 36 A 5
Volcano, Îles 54 A 3
Volga, Fl. 30-31 F 9-I 11
Volgograd 30-31 H 10
Volgograd, Réservoir 30-31 H 10
Voljski 30-31 H 10
Völklingen 29 H 2
Vologda 30-31 E 9
Vólos 36 E 7
Volsk 30-31 G 11
Volta, Lac 40-41 E 4
Volvic 24-25 I 7
Vorkhouta 30-31 A 11
Voronej 30-31 H 9
Vorü 30-31 F 7
Votkinsk 30-31 E 11
Votkinsk, Réservoir de 30-31 E 11
Vouziers 24-25 E 8
Vraca 36 B 7
Vranje 36 C 6
Vrbas 36 A 5
Vrsac 36 A 6
Vukovar 36 A 4
Vyksa 30-31 G 10
Vytchegda, Riv. 30-31 D 11

W
Waal, Riv. 24-25 C 9
Waalwijk 24-25 C 9
Waco 14 F 3
Wadden, Mer des 24-25 A 9
Wake, Île 54 B 5
Wakefield 28 G 6
Walbrzych 30-31 H 5
Walcourt 24-25 D 8
Wallis-et-Futuna, Îles 54 D 6
Walsall 28 H 5
Walvis Bay 40-41 I 6
Warrington 28 G 5
Warta, Riv. 30-31 G 5-6
Washington 14 F 5
Washington, État 14 D 1-2
Waskaganish 14 D 5
Wassy 24-25 F 9
Waterford 28 H 3
Watford 28 I 6
Watson Lake 14 B 2
Wau 40-41 E 8
Wavre 24-25 D 8
Wedel 29 E 3
Weert 24-25 C 9
Weiden 29 H 4
Weissenfels 29 G 4
Weisswasser 29 F 6
Welkom 40-41 I 8
Wellington 54 E 6
Wellington, Île de 16 J 3
Wels 29 I 5
Wenzhou 50 F 8
Weser, Fl. 29 E 3
Wes-Rand 40-41 I 8
Weston-super-Mare 28 I 5
Westray, Île 28 B 5
Wetar, Île de 48 G 9
Wetaskiwin 14 C 2
Wetzlar 29 G 3
Wexford 28 H 3
Weymouth 28 J 5
Whitehorse 14 B 1
Wichita 14 F 3
Wick 28 C 5
Wicklow 28 H 3
Wiener Neustadt 29 I 6
Wiesbaden 29 H 2
Wight, Île de 28 J 5
Wilhelmshaven 29 D 3
Williams Lake 14 C 2
Wiltz 24-25 D 9
Winchester 28 I 5
Windhoek 40-41 I 6
Windsor 28 I 6
Winisk 14 C 5
Winnipeg 14 D 4
Winnipeg, Lac 14 D 4
Winterswijk 24-25 B 10
Winterthur 29 J 3
Wisconsin, État 14 E 4
Wismar 29 D 4
Wissembourg 24-25 E 11
Wittelsheim 24-25 G 11
Wittenberg 29 F 5
Wittenberge 29 E 4
Wloclawek 30-31 G 6
Wolfen 29 F 5
Wolfenbüttel 29 F 4
Wolfsburg 29 E 4
Wollongong 54 E 4
Wolverhampton 28 H 5
Wonsan 50 E 9
Worcester 28 H 5
Workington 28 F 5
Worms 29 H 3
Worthing 28 J 6
Wrath, Cap 28 B 4
Wrexham 28 H 5
Wroclaw 30-31 H 5
Wuhan 50 F 8

Wuppertal 29 F 2
Würzburg 29 H 3
Wuxi 50 F 8
Wye, Fl. 28 H 5
Wyndham 54 D 3
Wyoming, État 14 E 2

X
Xai-Xai 40-41 I 8
Xánthi 36 C 8
Xiamen 50 G 8
Xi'an 50 F 7
Xianyang 50 F 7
Xi Jiang, Fl. 50 G 7
Xingu, Fl. 16 C 5
Xining 50 E 6
Xinyu 50 F 8
Xinzo de Limia 34 B 4
Xique-Xique 16 D 6
Xuzhou 50 E 8

Y
Yaku, Île 50 F 10
Yalong, Riv. 50 F 6
Yamdena, Île 48 F 10
Yamoussoukro 40-41 E 3
Yangzi Jiang, Fl. 50 F 8
Yaoundé 40-41 F 5
Yaren 54 C 5
Yell, Île 28 A 7
Yellowknife 14 B 3
Yeovil 28 J 5
Yeu, Île d' 24-25 H 3
Yezd 44 D 6
Yichun 50 D 9
Yinchuan 50 E 7
Yingcheng 50 F 7
Yining 50 D 4
Yokohama 50 E 10
Yonne, Riv. 24-25 F 7
York 28 G 6
York, Cap 54 C 3
Yorkton 14 D 3
Yos Sudarso, Île 48 F 11
Ypres 24-25 D 7
Yssingeaux 24-25 I 8
Yucatán, Détr. du 14 H 3-4
Yueyang 50 F 7
Yukon, État 14 A 1-2
Yumen 50 E 5
Yutz 24-25 E 10
Yuyao 50 F 8
Yvetot 24-25 E 5
Yzeure 24-25 H 7

Z
Zaandam 24-25 B 8
Zabrze 30-31 H 5
Zadar 36 B 3
Zafra 34 D 5
Zagreb 36 A 3
Zahedan 44 E 7
Zaïre, Fl. 40-41 F 6
Zaïsan, Lac 50 C-D 4
Zajecar 36 B 6
Zalaegerszeg 30-31 I 5
Zambèze, Fl. 40-41 H 7
Zamboanga 48 E 9
Zamora 34 C 5
Zamosc 30-31 H 6
Zandjan 44 C 5
Zante, Île 36 F 6
Zanzibar 40-41 G 9
Zaozhuang 50 E 8
Zaporojie 30-31 I 9
Zaria 40-41 E 5
Zarqa 44 D 2
Zelenodolsk 30-31 F 11
Zenica 36 B 4
Zêzere, Riv. 34 C 4
Zhangjiakou 50 E 7
Zhanjiang 50 G 7
Zhengzhou 50 E 7
Zibo 50 E 8
Zielona Góra 30-31 G 5
Zigong 50 F 7
Ziguinchor 40-41 E 1
Zilina 30-31 H 5
Zinder 40-41 D 5
Zittau 29 G 6
Zixing 50 G 7
Zlatooust 30-31 F 12
Zlin 30-31 H 5
Zoetermeer 24-25 B 8
Zonguldak 44 A 2
Zouerate 40-41 C 2
Zoug 29 J 2
Zrenjanin 36 A 5
Zurich 29 J 3
Zvolen 30-31 H 5
Zvornik 36 B 5
Zwickau 29 G 5
Zwolle 24-25 B 9
Zyrianovsk 50 C 4

LES 192 ÉTATS INDÉPENDANTS DU MONDE

AFRIQUE	Capitale	Régime politique	Superficie en km²	Densité hab/km²	Espérance de vie
Afrique du Sud	Pretoria	Rép. mult.	1 221 040	35	65
Algérie	Alger	Rép. mult.	2 381 740	12	69
Angola	Luanda	Rép. mult.	1 246 700	9	49
Bénin	Porto-Novo	Rép. mult.	112 620	50	49
Botswana	Gaborone	Rép. mult.	581 730	3	67
Burkina	Ouagadougou	Rép. mult.	274 200	39	47
Burundi	Bujumbura	Rép. mult.	27 830	225	51
Cameroun	Yaoundé	Rép. mult.	475 440	29	59
Cap-Vert	Praia	Rép. mult.	4 030	101	67
Centrafricaine Rép.	Bangui	Rép. mult.	622 980	5	47
Comores	Moroni	Rép. isl.	2 230	358	58
Congo	Brazzaville	Rép. mult.	342 000	8	50
Congo Rép.-Dém.	Kinshasa	Rép. mult.	2 345 410	19	52
Côte d'Ivoire	Yamoussoukro	Rép. mult.	322 463	46	50
Djibouti	Djibouti	Rép. p.u.	23 200	26	50
Égypte	Le Caire	Rép. mult.	1 001 450	64	66
Érythrée	Asmara	Gouv. mil.	93 680	38	53
Éthiopie	Addis-Abeba	Rép. mult.	1 128 221	52	50
Gabon	Libreville	Rép. mult.	267 670	5	56
Gambie	Banjul	Gouv. mil.	11 300	98	47
Ghana	Accra	Rép. mult.	238 540	75	58
Guinée	Conakry	Rép. mult.	245 860	28	47
Guinée-Bissau	Bissau	Rép. mult.	36 120	30	46
Guinée équat.	Malabo	Rép. mult.	28 050	15	50
Kenya	Nairobi	Rép. mult.	580 370	50	54
Lesotho	Maseru	Mon. const.	30 350	65	63
Liberia	Monrovia	Gouv. tr.	111 370	29	58
Libye	Tripoli	Pop. soc.	1 759 540	3	66
Madagascar	Antananarivo	Rép. mult.	587 040	26	59
Malawi	Lilongwe	Rép. mult.	118 480	82	45
Mali	Bamako	Rép. mult.	1 240 190	9	48
Maroc	Rabat	Mon. const.	698 670	39	66
Maurice	Port Louis	Rép. mult.	1 860	606	72
Mauritanie	Nouakchott	Rép. mult.	1 025 520	2	54
Mozambique	Maputo	Rép. mult.	801 590	21	47
Namibie	Windhoek	Rép. mult.	824 290	2	61
Niger	Niamey	Rép. mult.	1 267 000	7	49
Nigeria	Abuja	Gouv. mil.	923 770	120	52
Ouganda	Kampala	Rép. mult.	235 880	81	43
Rwanda	Kigali	Rép. mult.	26 340	310	47
São Tomé-et-Prínc.	São Tomé	Rép. mult.	964	124	62
Sénégal	Dakar	Rép. mult.	196 720	43	51
Seychelles	Victoria	Rép. mult.	280	260	68
Sierra Leone	Freetown	Gouv. mil.	71 740	64	41
Somalie	Mogadiscio	Gou. tr.	637 660	15	49
Soudan	Khartoum	Gouv. mil.	2 505 815	12	55
Swaziland	Mbabane	Mon. const.	17 360	51	60
Tanzanie	Dodoma	Rép. p.u.	945 090	32	52
Tchad	N'Djamena	Gou. tr.	1 284 000	5	50
Togo	Lomé	Rép. mult.	56 790	75	57
Tunisie	Tunis	Rép. mult.	163 610	55	70
Zambie	Lusaka	Rép. mult.	740 720	13	46
Zimbabwe	Harare	Rép. mult.	390 580	30	51

AMERIQUE DU NORD ET CENTRALE

	Capitale	Régime politique	Superficie en km²	Densité hab/km²	Espérance de vie
Belize	Belmopan	Dem. parl.	22 960	10	75
Canada	Ottawa	Dem. parl.	9 976 140	3	78
Costa Rica	San José	Rép. mult.	51 100	69	77
États-Unis	Washington	Rép. mult.	9 372 610	28	77
Guatemala	Guatemala	Rép. mult.	108 890	100	67
Honduras	Tegucigalpa	Rép. mult.	112 090	52	70
Mexique	Mexico	Rép. mult.	1 958 200	48	72
Nicaragua	Managua	Rép. mult.	130 000	31	69
Panamà	Panamà	Rép. mult.	77 080	35	74
Salvador	San Salvador	Rép. mult.	21 040	281	68

AMERIQUE DU SUD ET ANTILLES	Capitale	Régime politique	Superficie en km²	Densité hab/km²	Espérance de vie
Antigua-et-Barbuda	St.John's	Dem. parl.	440	148	72
Argentine	Buenos Aires	Rép. mult.	2 766 890	13	73
Bahamas	Nassau	Dem. parl.	13 880	20	74
Barbade	Bridgetown	Dem. parl.	430	610	76
Bolivie	La Paz, Sucre	Rép. mult.	1 098 580	7	62
Brésil	Brasília	Rép. mult.	8 511 970	19	68
Chili	Santiago	Rép. mult.	756 950	19	75
Colombie	Sta. Fé de Bogotá	Rép. mult.	1 138 910	31	70
Cuba	La Havane	Rép. soc.	110 860	100	76
Dominicaine (Rép.)	Saint-Domingue	Rép. mult.	48 730	164	71
Dominique	Roseau	Rép. mult.	750	95	76
Équateur	Quito	Rép. mult.	283 560	43	70
Grenade	St. George's	Dem. parl.	340	267	69
Guyana	Georgetown	Rép. mult.	214 970	4	67
Haïti	Port-au-Prince	Rép. mult.	27 750	263	58
Jamaïque	Kingston	Dem. parl.	10 990	216	75
Paraguay	Asunción	Rép. mult.	406 750	13	71
Pérou	Lima	Rép. mult.	1 285 220	19	67
Saint-Kitts-et-Nevis	Basseterre	Dem. parl.	360	114	68
Sainte-Lucie	Castrie	Dem. parl.	620	254	71
St-Vincent-et-les-Gr.	Kingstown	Dem. parl.	340	326	72
Suriname	Paramaribo	Rép. mult.	163 270	3	72
Trinité-et-Tobago	Port of Spain	Rép. mult.	5 130	251	73
Uruguay	Montevideo	Rép. mult.	174 810	18	73
Venezuela	Caracas	Rép. mult.	912 050	24	73

ASIE	Capitale	Régime politique	Superficie en km²	Densité hab/km²	Espérance de vie
Afghanistan	Kaboul	Coal. mouj.	652 090	33	46
Arabie Saoudite	Riyad	Mon. abs.	2 149 690	9	71
Arménie	Erevan	Rép. mult.	29 000	122	73
Azerbaïdjan	Bakou	Rép. mult.	86 600	87	72
Bahreïn	Manama	Mon. abs.	680	879	73
Bangladesh	Dacca	Rép. mult.	143 998	832	58
Bouthan	Thimbu	Mon. const.	47 000	36	53
Brunei	Bandar Seri Beg.	Mon. abs.	5 770	50	75
Cambodge	Phnom Penh	Mon. const.	181 040	59	54
Chine	Pékin	Rép. pop.	9 396 960	129	70
Chypre	Nicosie	Rép. mult.	9 251	81	78
Corée du Nord	Pyongyang	Rép. socialiste	120 540	202	72
Corée du Sud	Séoul	Rép. mult.	99 020	459	72
Émirats Arabes Unis	Abu Dhabi	Féd. mon.	83 600	24	75
Géorgie	Tbilissi	Dem. parl.	69 700	79	74
Inde	New Delhi	Rép. mult.	3 287 590	331	63
Indonésie	Jakarta	Rép. mult.	1 904 570	106	65
Iran	Téhéran	Rép. isl.	1 648 000	42	70
Iraq	Bagdad	Rép. p.u.	438 320	48	68
Israël	Jérusalem	Rép. mult.	20 700	274	77
Japon	Tokyo	Mon. const.	377 800	336	80
Jordanie	Amman	Mon. const.	89 210	46	70
Kazakhstan	Alma-Ata	Rép. mult.	2 717 300	6	71
Kirghizistan	Bichkek	Rép. mult.	198 500	24	70
Koweït	Koweït	Mon. const.	17 820	86	76
Laos	Vientiane	Rép. p.u.	236 800	21	54
Liban	Beyrouth	Rép. mult.	10 400	296	70
Malaisie	Kuala Lumpur	Mon. const.	329 750	62	72
Maldives	Male	Rép. mult.	300	844	65
Mongolie	Oulan-Bator	Rép. mult.	1 565 000	2	66
Myanmar (Birmanie)	Rangoon	Gouv. mil.	676 550	70	60
Népal	Katmandou	Mon. const.	140 800	161	57
Oman	Mascate	Mon. abs.	212 460	11	71
Ouzbékistan	Tachkent	Rép. p.u.	447 400	52	70
Pakistan	Islamabad	Rép. mult.	796 100	164	64
Philippines	Manille	Rép. mult.	300 000	230	68
Qatar	Al-Dawha	Mon. abs.	11 000	49	72

	Capitale	Régime politique	Superficie en km²	Densité hab/km²	Espérance de vie
Singapour	Singapour	Dém. mult.	620	4 817	76
Sri Lanka	Colombo	Rép. mult.	65 610	282	73
Syrie	Damas	Rép. p. u.	185 180	82	69
Tadjikistan	Douchanbe	Rép. p. u.	143 100	44	72
Taïwan	Taipei	Rép. mult.	36 179	594	74
Thaïlande	Bangkok	Mon. const.	513 120	116	68
Turkménistan	Achkhabad	Rép. p. u.	488 100	9	67
Turquie	Ankara	Rép. mult.	779 450	81	69
Viêt Nam	Hanoi	Rép. p. u.	329 560	227	67
Yémen	Sanaa	Rép. mult.	527 970	29	52

EUROPE

	Capitale	Régime politique	Superficie en km²	Densité hab/km²	Espérance de vie
Albanie	Tirana	Rép. mult.	28 750	120	73
Allemagne	Berlin	Rép. mult.	356 910	229	77
Andorre	Andorre-la-Vieille	Dém. parl.	468	134	-
Autriche	Vienne	Rép. mult.	83 850	95	77
Belgique	Bruxelles	Mon. const.	30 500	331	77
Biélorussie	Minsk	Rép. mult.	207 600	49	70
Bosnie-Herzégovine	Sarajevo	Rép. mult.	51 130	68	73
Bulgarie	Sofia	Rép. mult.	110 910	79	71
Croatie	Zagreb	Rép. mult.	56 540	80	72
Danemark	Copenhague	Mon. const.	43 069	121	76
Espagne	Madrid	Mon. const.	504 780	79	78
Estonie	Tallinn	Rép. mult.	45 125	34	69
Finlande	Helsinki	Rép. mult.	338 130	15	77
France	Paris	Rép. mult.	551 602	106	78
Grèce	Athènes	Rép. mult.	131 990	79	78
Hongrie	Budapest	Rép. mult.	93 030	108	69
Irlande	Dublin	Rép. mult.	70 280	51	76
Islande	Reykjavík	Rép. mult.	103 000	3	79
Italie	Rome	Rép. mult.	301 270	190	78
Lettonie	Riga	Rép. mult.	64 589	40	69
Liechtenstein	Vaduz	Mon. const.	160	194	74
Lituanie	Vilnius	Rép. mult.	65 200	57	70
Luxembourg	Luxembourg	Mon. const.	2 586	159	77
Macédoine	Skopje	Rép. mult.	25 715	85	73
Malte	La Valette	Rép. mult.	320	1 159	77

	Capitale	Régime politique	Superficie en km²	Densité hab/km²	Espérance de vie
Moldavie	Chisinau	Rép. mult.	33 700	131	68
Monaco	Monaco	Mon. const.	2	17 000	-
Norvège	Oslo	Mon. const.	323 900	13	77
Pays-Bas	Amsterdam, La Haye	Mon. const.	41 526	415	78
Pologne	Varsovie	Rép. mult.	312 680	123	71
Portugal	Lisbonne	Rép. mult.	92 390	107	76
Roumanie	Bucarest	Rép. mult.	237 500	96	70
Royaume-Uni	Londres	Mon. const.	244 880	240	77
Saint-Marin	Saint-Marin	Rép. mult.	61	410	76
Slovaquie	Bratislava	Rép. mult.	49 500	110	71
Slovénie	Ljubljana	Rép. mult.	20 250	96	73
Suède	Stockholm	Mon. const.	449 960	20	79
Suisse	Berne	Rép. féd.	41 290	171	79
Tchèque rép.	Prague	Rép. mult.	78 370	130	71
Ukraine	Kiev	Rép. mult.	603 700	85	71
Vatican	-	Com. papale	0,5	-	-
Yougoslavie	Belgrade	Rép. mult.	102 173	103	73

RUSSIE

	Capitale	Régime politique	Superficie en km²	Densité hab/km²	Espérance de vie
Russie	Moscou	Rép. mult.	17075400	9	68

OCÉANIE

	Capitale	Régime politique	Superficie en km²	Densité hab/km²	Espérance de vie
Australie	Canberra	Dém. parl.	7 686 850	2	78
Fidji	Suva	Rép. mult.	18 270	43	73
Kiribati	Bairiki	Rép. mult.	710	111	70
Marshall (Îles)	Majuro	Rép. mult.	181	309	61
Micronésie	Palikir	Rép. féd.	707	151	70
Nauru	Yaren	Dém. parl.	21	476	-
Nouvelle-Zélande	Wellington	Mon. const.	268 680	13	76
Palau	Koror	Rép. mult.	497	34	-
Papouasie-Nlle-G.	Port Moresby	Dém. parl.	462 840	10	58
Salomon (Îles)	Honiara	Dém. parl.	27 556	13	72
Samoa occ.	Apia	Mon. parl.	2 840	61	69
Tonga	Nukualofa	Mon. const.	750	139	69
Tuvalu	Funafuti	Mon. const.	26	346	-
Vanuatu	Port-Vila	Rép. mult.	12 190	14	67

Abréviations des régimes politiques :

Rép. = République; Dém. = Démocratie; Mon. = Monarchie; Gouv. = Gouvernement; Pop. = Populocratie; Coal. = Coalition; Com. = Commission; mult. = multipartite; p. u. = à parti unique; féd. = fédérale const. = constitutionnelle; parl. = parlementaire; abs. = absolue; isl. = islamique; soc. = socialiste; pop. = populaire; mil. = militaire; tr. = transitoire.

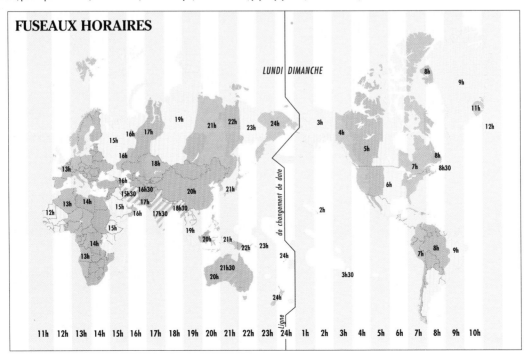

FUSEAUX HORAIRES